Kurt Marti

GOTTES-BEFRAGUNG

Der 1. Johannesbrief heute

CIP-Kurztitelaufnahme der Deutschen Bibliothek

Marti, Kurt:
Gottesbefragung: d. 1. Johannesbrief heute /
Kurt Marti. –   Aufl. – Stuttgart: Radius-Verlag, 1982
   (Radius-Bücher)
   ISBN 3-87173-620-1

3. , 2. ,   Auflage (die letzte Ziffer gilt für diese Ausgabe)
ISBN 3-87173-620-1
© 1982 by Radius-Verlag GmbH Stuttgart
Umschlag: Gerhard Schröder
Gesamtherstellung: Clausen & Bosse, Leck
Printed in Germany

Inhalt

Vorwort

Zuweilen kommen Leute in einen Gottesdienst, den ich halte, mit der Erwartung, einen »Dichter«, mindestens einen »Schriftsteller« zu hören. Etwas enttäuscht zotteln sie wieder ab, begreiflicherweise: sie haben einen Pfarrer, eine Predigt gehört, keine »Dichtung«, nicht einmal »narrative Theologie«.

Ist die traditionelle Predigt noch zeitgemäß, hat sie noch Zukunft? Was heißt aber »zeitgemäß«, was »Zukunft«? Wichtiger wäre die Frage: Entspricht die Art, wie Kirchengemeinden die üblichen Sonntagsgottesdienste durchführen resp. durchführen lassen, dem Geist des Evangeliums? Kann man behaupten: So und nicht anders will sich das Evangelium *heute* Gehör verschaffen? Ich habe meine Zweifel. Vermutlich spiegeln unsere Gottesdienst- und Predigtgebräuche soziokulturelle Verhältnisse, die immer mehr abbröckeln. Deswegen entwickeln engagierte und ökumenische Gruppen andere, reichere, weil brüderlichere / schwesterlichere Gottesdienstformen.

Dennoch bleibt es üblich, meistens auch vorgeschrieben, daß allsonntäglich in jeder Gemeinde mindestens *ein* Gottesdienst durchgeführt werden soll. Da vorbereitende Gruppen durch diesen wöchentlichen Gottesdienstrhythmus auch bei bestem Willen nicht mithalten können, bleibt die sonntägliche Predigt größtenteils dann eben doch Pflicht des Pfarrers, der ihr auf die traditionelle »solistische« Art gerecht zu werden versucht.

Traditionelle Predigten enthält auch dieses Buch. Die hochdeutschen Fassungen sind da und dort für die Drucklegung stilistisch leicht »poliert« worden, um sie lesbarer zu machen. Es ist eben etwas ganz anderes, ob man für das Gehört-Werden oder für das Gelesen-Werden schreibt! Zunächst sind Predigten tatsächlich nicht Literatur, sondern Oratur. Weil ich meine Predigten in Filialgottesdiensten zumeist noch ein- oder zweimal im berndeutschen Dialekt zu halten hatte, mußte das hochdeutsche Skript von vornherein auf das Gesprochen-Werden in der Mundart ausgerichtet sein. Auch fehlen in diesen Skripten, die *keine* stenographischen oder Tonband-Nachschriften der tatsächlich gehaltenen Predigten sind, all jene spontanen Einfälle, Einschübe, Abschweifungen, wie sie sich glücklicherweise immer wieder einstellen, inspiriert durch die Präsenz der Gemeinde. Ihr verdanken die tatsächlich gehaltenen Predigten viel.

Es ist eine Art Personal-Gemeinde, die sich in der Berner Nydeggkirche zusammengefunden hat, d. h. es waren Menschen aus der Stadt Bern und ihrer Umgebung, denen offenbar meine Art, die Bibel auszulegen, interessant genug, gelegentlich sogar hilfreich gewesen ist. Jedenfalls sind sie immer wieder gekommen, die Kirche war nie leer. Ihnen vor allem sei mit diesem Buch gedankt!

Und so habe ich den 1. Johannesbrief von Anfang bis Ende »durchgepredigt«.

Warum gerade diesen Brief?

Immer schon und mit der Zeit immer mehr haben mich einzelne seiner Passagen beschäftigt, sind mir sehr wichtig geworden. Dennoch habe ich mit dem Brief im ganzen und mit seinem Denk-Stil Mühe gehabt und habe sie noch. Just das ist mir aber zur Herausforderung geworden. Dabei sind mir die 1964 posthum herausgegebenen Vorlesungen von Ernst Gaugler über »Die Johannesbriefe« (EVZ-Verlag, Zürich) eine große Hilfe gewesen. Gaugler war von 1924–1960 Professor für neutestamentliche Exegese an der kleinen christkatholisch-theologischen Fakultät der Universität Bern. Auch für mich, den Evangelisch-Reformierten, sind seine Vorlesungen seinerzeit ein großer Gewinn gewesen. Und jetzt hat mich sein Buch kundig und behutsam durch den 1. Johannesbrief geleitet. Daß daneben noch weitere einschlägige Literatur zu Rate gezogen worden ist, versteht sich von selbst.

Der 1. Johannesbrief verkündigt Gott als Liebe. Daß dennoch kein einziges der bisherigen Glaubensbekenntnisse diesen johanneischen Kronsatz »Gott ist Liebe« aufgenommen hat, ist bereits Grund genug, sich mit diesem neutestamentlichen Brief zu befassen. Die offiziellen Lehrformulierungen der Kirchen scheinen hier einiges verdrängt zu haben, aus welchen Gründen auch immer. Dem Gott, der Liebe ist, wurde die patriarchalische Vorstellung eines Macht- und Herrschafts-Gottes fast immer und fast überall vorgezogen, z. T. weil durch sie weltliche Herrschaftsstrukturen religiös legitimiert werden konnten. Mit dem Satz »Gott ist Liebe« kann eben keine Herrschaftshierarchie, keine Machtstruktur (z. B. auch keine sexistische!) abgesegnet und gerechtfertigt werden. Gerade dies macht heute, da die anderen Gottesvorstellungen für immer mehr Menschen immer weniger glaubwürdig werden, die Anziehungskraft des johanneischen Satzes aus und macht neugierig auf den Brief, in welchem er sich findet.

Zu meiner Neugier auf den ersten Johannesbrief gehörte die zunächst mißtrauische Frage: Aber mit Liebe kann da doch im Ernst nicht jene verbürgerlichte, sentimentalisierte, schließlich nur noch aufs Privatleben beschränkte Liebe gemeint sein, die unverbindlich zwischen Nettigkeit (»Seid nett miteinander«) und Erotik hin- und herschillert? Und tatsächlich: von solcher Verniedlichung ist der erste Johannesbrief weit entfernt. »Gott ist Liebe« heißt hier nicht: er ist nett, jovial, gutmütig etc. »Gott ist Liebe« heißt hier im Gegenteil: er ist radikal! Darum ist der 1. Johannesbrief ein *Kampfbrief*, der mit Vehemenz gegen damalige Versuche in den Gemeinden kämpft, die darauf ausgingen, die Radikalität der Liebe Gottes abzuschwächen und z. B. ihre bedingungslose Fleischwerdung in Jesus Christus zu bestreiten. Dadurch wurde die Gemeindewerdung der Liebe, ebenso aber die soziale und politische Entfaltung der Liebe als Gerechtigkeit hintertrieben. Gegen solche Ent-Radikalisierungen der Liebe Gottes kennt Johannes keine Nachsicht, nimmt er kein Blatt vor den Mund. Er schafft Klarheit, wo verbürgerlichtes Liebes-Blabla bloß Nebel erzeugt. Allmählich schält sich so die Erkenntnis heraus: Außerhalb der Liebe kein Heil! Und auch keine Zukunft für unsere Welt ...

Man merkt es, denke ich, diesen Predigten an, daß sie in einer Zeit totaler Bedrohung, im »Zeitalter der Angst« (W. H. Auden) und des Wahnsinns gehalten worden sind. Wie soll man, im Schatten des Overkill, an den Sieg der Liebe glauben können? Von Predigt zu Predigt kämpfe ich gegen die eigene Verzweiflung und Resignation, gegen das »No future«, das von allen Wänden grüßt, auch in Bern. Von Predigt zu Predigt versuche ich, meine Angst nicht zu verdrängen, sondern zu aktivieren, mit ihr auch Mitmenschen Mut zur Angst zu machen: »Ängstige deinen Nächsten wie dich selbst!« (Günther Anders) Gerade die Liebe fordert heute zum Eingeständnis unserer Angst heraus. Nur Leute, die keine Liebe haben, können noch dazu aufrufen, keine Angst zu haben. Um des Gottes willen, der Liebe ist, ist Angst heute die erste Christenpflicht und – inmitten des Wahnsinns – ein Beweis von Vernünftigkeit.

Nichts schwieriger, als unter solchen Voraussetzungen sich auf den 1. Johannesbrief einzulassen! Nichts aber auch hilfreicher, ermutigender! »An den Sieg der Liebe kann man nur in dem Sinne glauben, daß man an die Identität von Gott und Liebe glaubt.« (Eberhard Jüngel)

Man möge den vorliegenden Predigten zugute halten, daß sie immerzu unter Zeitdruck, Zeitmangel entstanden sind. So ist manches unausgereift, nicht zu Ende gedacht, nicht ausgefeilt genug geblieben – keine homiletischen Musterbeispiele also, vielmehr Fragmente, Bruchstücke einer Konfession, eines Glaubens, der unter ständiger Irritation sich selber zu finden versucht.

Ein besonderer Dank gebührt zum Schluß zwei Mitarbeitern und treuen Predigthörern: Herrn Prof. Dr. Albert Streckeisen, der nach gehaltener Predigt meine Manuskripte entzifferte und ins Reine schrieb, sowie Hanni Marti-Morgenthaler, meiner Frau, die Albert Streckeisens Reinschriften jeweils in Fotokopien an zahlreiche Interessenten verschickt hat.

Kurt Marti

Ewiges Leben?

Der 1. Johannesbrief hat mich seit langem bedrängt, hat sozusagen darauf gewartet, daß ich mich auf ihn einlasse. Vielleicht, weil in diesem Brief der fundamentale Satz steht: »Gott ist die Liebe«.

Dieser Satz ist ja ein so ungeheurer Widerspruch zu dem, was heute passiert in der Welt, zu dem, was wir tatsächlich denken und tun, daß er für mich zu einer Herausforderung wird.

Zunächst einige Angaben zur Entstehung des Briefes. Wahrscheinlich ist der 1. Johannesbrief an der Wende vom ersten zum zweiten Jahrhundert geschrieben worden, vermutlich in Kleinasien, vielleicht in Ephesus. Ziemlich sicher stammen das Evangelium Johannes und der 1. Johannesbrief vom gleichen Verfasser, wobei schwer zu sagen bleibt, ob der Brief vor dem Evangelium oder nach ihm entstanden ist. Sicher bleibt, daß die Offenbarung des Johannes nicht vom gleichen Verfasser stammt. Trotzdem dürften aber alle johanneischen Schriften demselben kirchlichen Kreis in Kleinasien zuzurechnen sein, der auf den Apostel Johannes zurückgeht. Ob er selber oder ob ein ihm kongenialer Schüler den 1. Johannesbrief verfaßt hat, wissen wir nicht. Das ist ja auch weniger wichtig als der Inhalt des Briefes.

Er beginnt in Kapitel 1,1–4, mit der folgenden Einleitung:

> »Was von Anfang an war, was wir gehört,
> was wir mit unseren Augen gesehen,
> was wir geschaut,

und was unsere Hände betastet haben
in bezug auf das Wort des Lebens –
und das Leben ist erschienen,
und wir haben es gesehen und bezeugen
und verkünden euch das ewige Leben,
das beim Vater war und uns erschienen ist –
was wir gesehen und gehört haben,
verkündigen wir euch,
damit auch ihr Gemeinschaft habt mit uns!
Unsere Gemeinschaft aber ist die mit dem Vater
und seinem Sohne Jesus Christus.
Dieses schreiben wir,
damit unsere Freude vollkommen sei!«

»Leben«, das ist hier das Stichwort, »ewiges Leben« sogar. Davon will der 1. Johannesbrief reden.

Sofort müssen wir auf der Hut sein. Beim Stichwort »ewiges Leben« schaltet's in unseren Köpfen fast automatisch, so daß wir denken: Ewiges Leben – aha: Leben nach dem Tode! Das jedoch wäre eine Unterstellung, die mit dem 1. Johannesbrief nichts mehr, dafür aber einiges zu tun hat mit jener Verharmlosung, die das Schwergewicht des christlichen Glaubens vom diesseitigen Handeln zum jenseitigen Besitzen und Genießen verlagert. Goethe hat dieses Jenseits-Christentum »narkotisch« genannt und damit den Begriff »Opium des Volkes« vorweggenommen.

Mit narkotischem Jenseits-Christentum hat die Bibel nichts zu schaffen. Das Alte Testament z. B. kennt kein individuelles Leben nach dem Tode. Und was das Neue Testament über die Gerechtmachung des Sünders sagt, läuft darauf hinaus, daß unser Leben nach dem Tode Gottes Sache und deshalb in Ordnung gebracht ist. Was in tödlicher Unordnung, was zutiefst veränderungsbedürftig bleibt, das ist die Situation der Menschen in *dieser* Welt. Deswegen mischt Gott sich ein. Gottes Einmischung in das Diesseits – das ist das Thema der Bibel, das Thema auch des 1. Johannesbriefes.

»Ewiges Leben« – in unserem Text ist das eindeutig das Leben Gottes selber: Er allein IST das ewige Leben, gleichgültig, ob man unter ewig mehr die unbegrenzte Dauer oder mehr die Intensität und Qualität des Lebens verstehen will. Gott ist beides, sowohl das nicht abbrechende wie das intensiv erfüllte Leben.

Dieses Leben Gottes, sagt Johannes, war am Anfang. Aus ihm ist die Schöpfung, ist unser Leben hervorgegangen. Doch hat sich *unser* Leben vom göttlichen Leben immer weiter entfernt in eine Finsternis hinein, wo schließlich die Tötung und Vernichtung menschlichen Lebens im einzelnen und im Kollektiv kühl geplant und betrieben wird. Damit aber hat Gott *nichts* zu schaffen. Er *ist* das Leben, *ist* es für immer und ewig! Sobald wir dieses johanneische Bekenntnis ernst nehmen, können wir uns Gott nicht länger als Triebkraft eines Weltgeschehens vorstellen, das auf immer größere Vernichtungen zusteuert. Viel eher ist Gott *Opposition*, ist *Gegenkraft* gegen unseren Todes- und Tötungstrieb, der im Wahnsinn der Rüstung oder in der blinden Zerstörung unserer natürlichen Lebensgrundlagen einem unguten Ende entgegenzutreiben droht.

Der 1. Johannesbrief verkündet Gott als das Leben, das am Anfang war und sich nun wiederum einmischt als Gegenkraft unserer mörderisch gewordenen Welt:

> »und das Leben ist erschienen,
> und wir haben es gesehen und bezeugen
> und verkünden euch das ewige Leben,
> das beim Vater war und uns erschienen ist –«

Was heißt jedoch »das Leben ist erschienen«? Es heißt: Gottes eigenes, ewiges Leben ist dem Johannes sowie anderen Mitzeugen vor die Augen gekommen, es hat sich von ihren Händen fassen / erfassen, greifen / begreifen lassen, es hat geredet, dieses Leben, es ist inmitten unserer Todeswelt zum Wort des Lebens geworden:

> »Was von Anfang an war, was wir gehört,
> was wir mit unseren Augen gesehen,
> was wir geschaut
> und was unsere Hände betastet haben
> in bezug auf das Wort des Lebens –«

Kein Zweifel: hier redet Johannes von der Begegnung mit Jesus, der ums Jahr 30 gelebt, gewirkt hat und als Rebell gekreuzigt worden ist. Ebenso aber redet Johannes von *dem* Jesus, der vom Tod auferstanden und bis heute in Gemeinschaften lebendiger Menschen ebenfalls lebendig, ebenfalls hörbar, sichtbar, berührbar ist.

In diesem Christus ist Gottes ewiges Leben erschienen als Gegenkraft gegen unseren Todes- und Tötungstrieb, der die Schöpfung verneint und zerstört.

Ich weiß, uns befremdet die Vorstellung eines Gottes, der Gegenkraft, der Opposition ist. Eher denken wir ihn uns als Lenker der Geschichte, als eine Macht, die durch irdische Machthaber repräsentiert wird.

Von Johannes her sieht die Sache aber anders aus. Da spiegelt die Macht der Machthaber durchaus nicht Gottes Macht, da wird der Lauf der Welt durch Wörter wie Finsternis, Lüge, Tod beschrieben, also als heillose Abwendung vom Gott des Lebens.

Nicht zufällig knüpft Ernesto Cardenal, der diesjährige Friedenspreisträger des deutschen Buchhandels, gerade an

Johannes an, wenn er unumwunden erklärt: »Der wirkliche Atheismus, die wahrhaftige Verneinung Gottes, das ist für mich z. B. die DOW-Company, die ihr Geld mit Napalm-Bomben verdient, das ist die wahre Gottesverleugnung.« Anstatt eines amerikanischen Multis könnte man ja auch europäische und schweizerische Unternehmen ähnlicher Art nennen. Sie sind mächtig, sie arbeiten weltweit, diese Todeskonzerne, doch ihre Macht hat nichts mit der Macht Gottes, sie hat aber viel mit der Macht der Finsternis und der Lüge zu tun. Ihnen und einer Welt, wo sie entscheidende Positionen innehaben, steht Gott als Gegenkraft, als Opposition gegenüber.

Deshalb denkt und schreibt Johannes in schroffen Antithesen: Hier der Tod – da aber, mit Gott erscheinend, das Leben! Hier Finsternis – da aber die Gegenkraft, das Licht! Hier Lüge – da aber die Gegenposition oder eben Opposition Gottes, die Wahrheit!

Das, schreibt Johannes, verkündigen wir euch, »damit auch ihr Gemeinschaft habt mit uns! Unsere Gemeinschaft aber ist die mit dem Vater und seinem Sohne Jesus Christus.«

Gemeinschaft! Bekanntlich ein Hauptproblem unserer Kirche. Verwaltung, Bürokratie, Betriebsamkeit nehmen überhand, Gemeinschaft entsteht dadurch aber nicht, obwohl unablässig von ihr geredet wird. Gemeinschaft an und für sich ist auch nicht herstellbar. Wenn man sich innerlich einen Ruck gibt und sagt: Also los, jetzt wollen wir Gemeinschaft miteinander haben – dann kommt das immer gezwungen und oberflächlich heraus. Wozu denn überhaupt? fragt man sich bald und mit Recht. Gemeinschaft wächst anders. Sie wächst aus gemeinsamen Zielsetzungen, aus gemeinsamen Kämpfen und Leiden. Wenn es in unserer Kirche so wenig Gemeinschaft gibt, dann deshalb, weil gemeinsame Zielsetzungen fehlen, weil wir für nichts gemeinsam kämpfen und leiden.

Johannes fordert zwar zur Gemeinschaft auf, fügt aber sogleich hinzu: »Unsere Gemeinschaft aber ist die mit dem Vater und seinem Sohn Jesus Christus«, also die Kampf- und Leidensgemeinschaft mit der Opposition des Lebens. Zusammen mit Gott müßten Christen gegen die herrschenden Mächte des Todes und der Zerstörung opponieren und Alternativen entwickeln. Daraus würde lebendige Gemeinschaft entstehen. Allzusehr überlassen wir die schöpferische Opposition aber Friedensbewegungen, alternativen Gruppen und Gemeinschaften, die z. B. bessere Lebens- und Produktionsformen ausprobieren – und das mit einer persönlichen Risikobereitschaft, die oft vorbildlich und eben auch gemeinschaftsbildend ist. Wir Christen hätten von ihnen zu lernen, denn an uns wäre es, an uns ist es in erster Linie, zusammen mit Gott und seinem Sohn Jesus Christus für das Leben und gegen seine Zerstörung zu kämpfen. Nur in dem Maße, wie wir das auch wirklich tun, kann und wird eine Gemeinschaft entstehen können, die so lebendig ist, wie es das johanneische Wort sagt: »Unsere Gemeinschaft aber ist die mit dem Vater und seinem Sohne Jesus Christus.«

(1. Juni 1980)

Gott: nicht Moralismus, sondern Licht

Dies ist die Verkündigung, die wir von ihm gehört
haben
und euch wieder verkündigen,
daß Gott Licht ist
und Finsternis ist keine in ihm.
So wir sagen,
daß wir Gemeinschaft mit ihm haben,
und wandeln in der Finsternis
so lügen wir und tun nicht die Wahrheit.
Wenn wir aber im Lichte wandeln,
wie Er selbst im Licht ist,
so haben wir Gemeinschaft miteinander
und das Blut Jesu, seines Sohnes,
reinigt uns von jeder Sünde.
Wenn wir sagen, wir haben keine Sünde,
so betrügen wir uns selbst
und die Wahrheit ist nicht in uns.
Wenn wir unsere Sünden bekennen,
so ist er treu und gerecht,
so daß er uns unsere Sünden vergibt
und uns von aller Ungerechtigkeit reinigt.
Wenn wir sagen,
wir haben nicht gesündigt,
so machen wir ihn zum Lügner
und sein Wort ist nicht in uns.

1. Johannes 1,5–10

Licht gegen Finsternis, Lüge gegen Wahrheit: das sind die großen Antithesen, in denen Johannes denkt, in denen er denken muß, seit Gott ihm erschienen ist als das Leben, das sich unserem Todestrieb und Tötungstreiben entgegenstellt.

Der jüngst in Locarno verstorbene Philosoph Erich Fromm hat unsere Zivilisation der Nekrophilie bezichtigt. Nekrophilie, das heißt: Liebe zu dem, was tot ist. Toter Beton z. B. ist dieser Zivilisation lieber als lebendiges Gras mit seinen Käfern und Würmern. Pro Minute wird in der Schweiz ein Quadratmeter Erde zubetoniert. Straßen und Parkplätze sind wichtiger als Gärten und Spielplätze für Kinder. Und das steigert sich dann weiter bis hin zu einer Wissenschaft und Wirtschaft, in der so viele Forschungsstellen und Arbeitsplätze von der weitverästelten Rüstungswirtschaft direkt oder indirekt abhängig sind, daß Abrüstung sogleich zur Wirtschaftskrise führen könnte. Deshalb braucht es immer wieder Kriegsspannungen und Kriege, um die Wirtschaft anzukurbeln. Und das eben nannte Erich Fromm eine Zivilisation der Nekrophilie, der perversen Totenliebe. Und durchaus johanneisch hat er auch erkannt, daß diese nekrophile Zivilisation in ihrem tiefsten Wesen gottfeindlich ist. Ihr gegenüber kann Gott nur als Opponent, nur als Leben und Widerspruch geglaubt und bekannt werden.

Sein Widerspruch ist derjenige des Lichts gegen die Finsternis:

>Dies ist die Verkündigung,
die wir von ihm (= Christus) gehört haben
und euch wieder verkündigen,
daß Gott Licht ist,
und keine Finsternis ist in ihm.«

Johannes verkündet das, weil es schon zu seiner Zeit – wie

auch später und bis heute – Christen gegeben hat, die den Gegensatz von Licht und Finsternis in Gott selber hineinprojizierten. Danach soll es in Gott selber eine lichte *und* eine finstere Seite geben, eine innergöttliche Koexistenz gewissermaßen von Lebensbejahung und Vernichtungslust, von Liebe und von Grausamkeit. Das aber würde bedeuten, daß man letztlich nie wissen kann, woran man mit Gott ist. Darum konnten und können dann Kreuzzüge, Inquisitionen, Eroberungskriege im Namen eines solchen Gottes geführt werden. Einem Gott, dem alles zuzutrauen ist, kann eben auch jede Schandtat, jede Grausamkeit in die Schuhe geschoben werden, so wie extreme Israelis jetzt den Terror gegen die Palästinenser mit dem finsteren Bekenntnis rechtfertigen, der Gott Israels sei eben ein Gott der Rache.

Nein: Gerade das ist er nicht, ist er nie gewesen, darum sagt der Jude Johannes: »Gott ist Licht und Finsternis ist keine in ihm!« Wer das Gegenteil behauptet, macht aus Gott einen Götzen der eigenen Finsternis, des eigenen Hasses.

> »So wir sagen,
> daß wir Gemeinschaft mit ihm haben
> und wandeln in der Finsternis,
> so lügen wir und tun nicht die Wahrheit.«

Gemeinschaft mit Gott haben bedeutet also: nicht in der Finsternis wandeln, nicht dem Haß, der Rachlust, dem Zerstörungstrieb nachgeben.

Dafür ein Beispiel: Der starke Mann der Revolution in Nicaragua, der heutige Innenminister Tomas Borge ist das einzige überlebende Gründungsmitglied der Sandinistischen Befreiungsfront. Alle andern sind vom Diktator Somoza umgebracht worden. Borge selber hat mehrere Familienmitglieder verloren, ist jahrelang eingekerkert gewesen und gefoltert worden. Nach dem Sturz des Diktators hat aber kein Blutbad der Rache stattgefunden. Und Tomas Borge hat einem seiner grausamen Folterer ins Gesicht gesagt: »Deine Strafe soll es sein, daß ich dir vergebe.«

Das heißt: nicht in der Finsternis wandeln.

> »Wenn wir aber im Licht wandeln,
> wie Er selbst im Licht ist,
> so haben wir Gemeinschaft miteinander
> und das Blut Jesu, seines Sohnes,
> reinigt uns von jeder Sünde.«

Im Finstern, sagt man, sind alle Katzen grau, man kann nicht unterscheiden, nicht richtig sehen.

Gott aber ist Licht. Sein Licht lehrt uns sehen, lehrt uns unterscheiden, und als erstes – so sagt Johannes – lehrt es uns unterscheiden zwischen Gott und der Sünde. Und zwar geht es dabei nicht um die Sünde von andern, sondern um unsere eigene!

> »Wenn wir sagen, wir haben keine Sünde,
> so betrügen wir uns selbst
> und die Wahrheit ist nicht in uns.«

Ich weiß, das Wort Sünde klingt altmodisch, selbst in der Kirche wird es nicht mehr gern gehört, nicht mehr gern gebraucht. Das hängt zusammen mit dem Mißbrauch dieses Wortes im Dienst eines kleinkarierten Moralismus. Aber es geht nicht um Moralismus, es geht, sagt Johannes, um die Wahrheit, um das Tun der Wahrheit. Und die erste Tat der Wahrheit ist, so befremdlich, so unangenehm uns das auch vorkommt, das Bekenntnis unserer Sünde:

> »Wenn wir aber unsere Sünden bekennen,
> so ist er (= Gott) treu und gerecht,
> so daß er uns unsere Sünden vergibt
> und uns von aller Ungerechtigkeit reinigt.

Wenn wir sagen,
wir haben nicht gesündigt,
so machen wir ihn zum Lügner
und sein Wort ist nicht in uns.«

Aber jetzt: Um was geht es dabei eigentlich? Es geht um Gott, der in Christus als das Leben erschienen ist. Deshalb gilt es, sich darüber Rechenschaft zu geben, inwiefern unser persönliches Verhalten andern Menschen die Lebensentfaltung erschwert oder sogar unmöglich macht. Vielleicht haben wir gar nicht gemerkt, daß und wie wir für andere Lebenserschwerer, Lebensverhinderer sind. Auch das gehört zur Finsternis, daß wir's nicht merken.

Gott aber ist Licht. Und in seinem Licht erkennen wir, was alles wir andern schuldig sind an Bejahung, an Verständnis, an Liebe, einfach so, nicht einmal aus bösem Vorsatz. Wir meinen es alle ja nicht böse. Auch der Zürcher Stadtrat meint's nicht bös. Plötzlich aber ist der Krawall da, die Auflehnung und Ablehnung. Plötzlich lehnt sich eine Jugend auf, die in trostlosen Wohnsilos, in einer zubetonierten Stadt ohne Spielplätze und Freiräume aufwachsen muß, wo der Verkehr wichtiger ist als alles andere. Und wenn wir vielleicht denken, ja, das ist halt nun Zürich, die Großstadt, aber in Bern ist's nicht so schlimm, dann sind wir wahrscheinlich auf dem besten Weg, uns selbst zu betrügen, wie Johannes sagt, und »die Wahrheit ist nicht in uns«. Wie gesagt: Zur Finsternis gehört, daß wir nicht merken, was z. B. auch in Bern sich ereignet an Verzweiflung, an Auflehnung, wie auch durch uns Lebensentfaltung auf Schritt und Tritt erschwert wird.

Gott aber ist Licht. In seinem Licht geht uns als erstes auf, wie wir selber oft Lebenserschwerer, Lebensverhinderer für andere, also Sünder geworden sind. Noch einmal: mit Moralismus hat das nichts zu tun. Moralisten empören

sich, rufen nach Sanktionen und nach der Polizei, sie sprechen alsbald auch, wie unser Stadtpräsident nach den letzten Gemeindeabstimmungen, von »Negativismus«.

Gott aber ist Licht, und in seinem Licht erkennen wir als
erstes den eigenen Schatten, den eigenen Negativismus,
d. h. die eigene Sünde.

Wer nun aber meint, das Erkennen und Bekennen der
eigenen Sünde sei etwas Dumpfes, etwas Trauriges, dem
sagt Johannes das Gegenteil:

>   »Wenn wir aber unsere Sünde bekennen,
>   so ist er (= Gott) treu und gerecht,
>   so daß er uns unsere Sünden vergibt
>   und uns von aller Ungerechtigkeit reinigt.«

Ja, Johannes doppelt noch nach mit dem starken, bildhaf-
ten Satz:

>   »... und das Blut Jesu, seines Sohnes,
>   reinigt uns von jeder Sünde.«

Nichts macht freier, macht fröhlicher als das Eingeständnis
der eigenen Sünde! Plötzlich ist Gott vehement auf unserer
Seite: Das Alte ist vergangen, siehe, es ist alles neu geworden! Wer die Sünde dagegen vor allem bei anderen sucht
und sieht, der empört sich nur, der verhärtet sich, der wird
selbstgerecht und damit ungerecht.

Gott aber ist Licht. Und in seinem Licht ist Vergebung
anstatt Empörung, ist Dialog anstatt Moralismus, ist Liebe
anstatt Gewalt.

(22. Juni 1980)

Das ungeheure Versprechen

Meine Kindlein,
Ich schreibe euch dies,
damit ihr nicht sündigt!
Und wenn einer sündigt,
so haben wir einen Fürsprecher beim Vater,
Jesus Christus, den Gerechten.
Und er ist selbst die Sühnung
für unsere Sünden,
ja, nicht nur für die unsrigen,
sondern für die der ganzen Welt.
1. Johannes 2,1–2

Zuerst muß ich etwas gestehen, nämlich, daß mir die Anrede, die Johannes hier gebraucht, »Meine Kindlein«, gegen den Strich geht.

Die Ausleger sagen: So habe seinerzeit ein Greis zu jüngeren Zuhörern geredet. So habe auch ein Gelehrter seine erwachsenen Schüler angeredet oder angeschrieben. Aber ich habe festgestellt, daß ich alle Stellen, wo Johannes diese Anrede verwendet, bisher nie richtig habe lesen können. Es hat mir einfach abgestellt. Dem Übersetzer der Zürcher Bibel scheint es ähnlich ergangen zu sein, er hat die Verkleinerungsform elegant weggelassen und »Kindlein« mit »Kinder« übersetzt: »Meine Kinder, ich schreibe euch dies ...«. Aber im griechischen Originaltext steht tatsächlich diese Verkleinerungsform »Meine Kindlein«; man könnte auch übersetzen »Meine Kinderchen«.

Also: mir klingt das zu patriarchalisch, zu onkelhaft.

Aber vor 2000 Jahren sind Stil und Umgangsformen anders gewesen als heute.

Immerhin fällt mir auf, daß Jesus selber, so weit ich sehe, erwachsene Zuhörer nie so, nie als »meine Kindlein« angeredet hat.

Ist der gute Johannes vielleicht bereits angesteckt gewesen von jenem autoritären, hierarchischen Wesen oder Unwesen, das sich in der Kirche bald breit gemacht und durch die Jahrhunderte hindurch erhalten hat? Möglich wäre das schon. Auf jeden Fall glaube ich nicht, daß man sich schämen muß, wenn einem diese Rede- und Anredeweise von oben herab gegen den Strich geht.

Jetzt aber, von dieser zeitbedingten Stilfrage zum Inhalt, der wichtig genug bleibt:

Das vorherige Kapitel 1 schloß mit dem Satz:

»Wenn wir sagen,
wir haben nicht gesündigt,
so machen wir ihn – Gott – zum Lügner
und sein Wort ist nicht in uns.«

Man könnte einen solchen Satz als Bagatellisierung der Sünde mißverstehen, etwa nach dem Motto: »Wir sind ja sowieso Sünder, also laßt uns weiter sündigen, Gott wird schon vergeben – vergeben ist ja sein Métier!«, wie Voltaire gesagt hat.

Aber gerade so will es Johannes auf keinen Fall verstanden haben, darum fährt er jetzt fort:

»Ich schreibe euch dies,
damit ihr *nicht* sündigt!«

Unsere Aufgabe ist der Kampf *gegen* die Sünde. Und Sünde haben wir definiert als Zuwiderhandeln gegen die Lebensentfaltung von Mitmenschen. Es gibt nichts Wichtigeres als den Kampf gegen alles in uns und um uns herum, was anderen das Leben erschwert, wodurch wir sie am Leben und an dessen Entfaltung hindern. Dieser Kampf muß geführt werden, sonst fliegen eines Tages nicht mehr nur Farbbeutel, sondern Atomraketen.

>>Ich schreibe euch dies,
	damit ihr *nicht* sündigt!<<

Gerade aber, wer erkannt hat, wie wichtig der Kampf gegen die Sünde, gegen die gegenseitige Lebenserschwerung und Lebensverhinderung, ist – gerade der wird sensibilisiert für die eigene Sünde, gerade den beunruhigt die Entdeckung, daß er selber so manchem Mitmenschen nicht gerecht geworden ist.

Da sind etwa wir Eltern, die wir uns doch alle Mühe gegeben haben, eines Tages dann aber entdecken müssen, daß trotzdem einiges falsch war, daß unsere Kinder vielleicht unter uns gelitten haben, in ihrer Entfaltung verkrümmt worden sind.

Oder man versucht, im Beruf das Beste zu geben, merkt aber plötzlich, daß man dabei an dem oder jenem Mitarbeiter vorbeigelebt hat, ihm nicht hat gerecht werden können.

Mir fällt auch Heinrich Albertz ein, der während der Jugend- und Studentenunruhen 1967/68 Regierender Bürgermeister von Westberlin und verantwortlich gewesen ist für die massiven Polizeieinsätze, bei denen es viele Verletzte und einen Toten gegeben hat. Bald darauf ist Albertz als Bürgermeister zurückgetreten. Er hatte eingesehen, daß er falsch gehandelt hatte. Weil er das offen zugeben konnte, ist er allmählich zum Vertrauensmann gerade jener Minderheiten, Randgruppen und Jugendlichen geworden, gegen die er zunächst die Polizei eingesetzt hatte. Zu dieser Einsicht und Umkehr ist Albertz wohl auch fähig gewesen, weil er als Christ etwas wußte von dem, was Johannes hier weiter schreibt:

»Und wenn einer sündigt,
so haben wir einen Fürsprecher beim Vater,
Jesus Christus, den Gerechten.«
Sünde ist belastend, weil wir sie nicht ungeschehen machen können. Wenn wir der Lebensentfaltung unserer Kinder oder anderer Mitmenschen im Wege gestanden sind, so hat das Folgen, die nicht rückgängig gemacht werden können. Der von der Berliner Polizei erschossene Student Benno Ohnesorg ist nicht wieder lebendig geworden.
»Aber wenn einer sündigt,
so haben wir einen Fürsprecher beim Vater,
Jesus Christus, den Gerechten.«
Dieses Bild vom Fürsprecher bei Gott besagt: Wir sind zuletzt eben doch auf Gnade und Vergebung, *nur* auf die Gnade, *nur* auf die Vergebung angewiesen! Das ist die tiefste biblische und reformatorische Erkenntnis: Der Kampf gegen die Sünde muß mit aller Kraft geführt werden, gewonnen wird er allein von Gott.

Dem Wahn, daß *wir selber* fähig seien, das Böse definitiv zu besiegen, die Sünde auszuschalten, sind die grauenhaftesten Terrorsysteme entsprungen. Immer ist man nämlich an den Punkt gekommen, wo man feststellen mußte, daß das Böse, die Sünde, stärker bleibt als unsere eigene Kraft und Moral. Und dann, sozusagen aus Verzweiflung darüber, wurde versucht, das Böse durch das Böse, d. h. mit Gewalt und Verfolgung auszurotten, und das bedeutete bald einmal die Ausrottung von Menschen und ganzen Völkern. So sind manche Terrorsysteme der Vergangenheit und der Gegenwart entstanden, oft leider auch mit Hilfe der Kirche.

Dabei hätte doch gerade die Kirche wissen müssen, daß es so nicht geht, daß nicht *wir* das Problem des Bösen und der Sünde endgültig lösen können, daß einzig Gott das tun kann. Er allein vermag unsere Schuld mit ihren oft traurigen Folgen von uns zu nehmen und das angerichtete Unheil in unbegreifliches Heil zu verwandeln.

Diese grundlegende Einsicht kleidet Johannes in das Bild:

> »Aber wenn einer sündigt,
> so haben wir einen Fürsprecher beim Vater,
> Jesus Christus, den Gerechten.
> Und er ist selbst die Sühnung
> für unsere Sünden,
> ja, nicht nur für die unsrigen,
> sondern für die der ganzen Welt.«

Auch da muß ich allerdings zugeben, daß ich manchmal Mühe habe mit dieser Vorstellungsweise von der Welt als einem großen Gerichtshof, wo Gott der Richter ist, wir Sünder die Angeklagten sind, Jesus aber unser Fürsprecher und Verteidiger wird, ein allerdings höchst ungewöhnlicher Verteidiger, der schließlich für uns, die Angeklagten, sühnt. Man muß wohl sagen: Ein kühnes Bild, ein kühnes Gleichnis – doch ein Bild, ein Gleichnis wofür?

Ein Bild, glaube ich, ein Gleichnis dafür, daß Gott mit seiner unbegreiflichen Liebe und Leidenschaft an uns, an unserer Welt festhalten will – trotz allem: Seit Hiroshima, seit die Menschheit sich selbst vernichten kann, tun wir ja mit erschreckender Konsequenz und Blindheit alles, um unsere Selbstvernichtung ins Werk zu setzen. Es werden immer mehr Dinge angestellt und hergestellt, deren Folgen und Auswirkungen wir uns überhaupt nicht mehr vorstellen können. Wer sich heute *keine* Illusionen macht, der muß erkennen, daß wir auf geradem Wege in die Selbstvernichtung, d. h. in die totale Sünde, gehen, nach der es nichts mehr geben wird: Gott hat die Erde geschaffen, wir Menschen sind jetzt dabei, seine Schöpfung zu vernichten.

Es wäre zum Verzweifeln, wenn da nicht eben dieses ungeheure Versprechen wäre, daß Gott seine Welt vor uns
schützen und für uns erhalten will.

Das steckt für mich hinter diesem Bild vom Fürsprecher
und Verteidiger Jesus Christus:

> »Und wenn einer sündigt,
> so haben wir einen Fürsprecher beim Vater,
> Jesus Christus, den Gerechten.
> Und er selbst ist die Sühnung
> für unsere Sünden,
> ja, nicht nur für die unsrigen
> sondern für *die der ganzen Welt*.«

Was für ein ungeheures Wort!

(27. Juli 1980)

Jesuanisches Lebensprofil

Und daran erkennen wir,
daß wir Ihn erkannt haben,
wenn wir seine Gebote halten.

Wer sagt:
ich habe Ihn erkannt
und hält doch Seine Gebote nicht,
der ist ein Lügner
und in einem solchen ist die Wahrheit nicht.

Wer aber Sein Wort hält,
in dem ist wirklich die Liebe Gottes vollendet.
Daran erkennen wir,
daß wir in Ihm sind.

Wer sagt,
daß er in ihm bleibe,
der hat die Pflicht,
auch selbst so zu wandeln,
wie Jener wandelte.
1. Johannes 2,3–6

Oft hört man Leute sagen, »auch *ich* glaube an Gott«,
und das ist meistens im Sinne einer Rechtfertigung gemeint: Ich gehe zwar nicht in die Kirche, ich kenne zwar
die Bibel nicht – und so weiter, aber »auch *ich* glaube an
Gott.«
Und wenn jemand so redet, dann nehme ich ihm das ab,

ich zweifle seine Aussage nicht an, keinen Moment. Wenn nämlich ein Mensch sagt »auch ich glaube an Gott«, dann hat er ein Recht darauf, daß ich sein Bekenntnis ernst nehme.

Gerade deswegen muß man aber weiter fragen: »Ja, und inwiefern hat der Glaube an Gott dein Leben verändert?«

Denn wenn der Glaube unser Leben *nicht* verändert, so bleibt es bedeutungslos, ob wir glauben oder nicht.

Gott hat sich aber nicht auf uns Menschen eingelassen, damit wir gemütlich so weitermachen wie immer schon. Jesus Christus hat nicht gelebt, gewirkt und sich hinrichten lassen, um alles beim alten zu belassen. Im Gegenteil, das Grundthema seiner Verkündigung hat gelautet: »Das Reich Gottes ist nahe herbeigekommen – *ändert* euch, kehrt um!«

Worin besteht die Änderung, die der Glaube in uns, in unserem Leben bewirken will? Johannes sagt es so:

»Und daran erkennen wir,
daß wir Ihn erkannt haben,
wenn wir seine Gebote halten.
Wer sagt:
ich habe Ihn erkannt
und hält doch Seine Gebote nicht,
der ist ein Lügner
und in einem solchen ist die Wahrheit nicht.«

Sofort stellt sich hier die Frage: Welches sind »Seine Gebote«?

Der Fortgang des Johannesbriefes läßt uns nicht im Ungewissen: In »Seinen Geboten« geht es immer um das eine und einzige Gebot der Liebe.

Und das heißt: Wenn der Glaube an Gott nicht unsere Liebe zu den Menschen entwickelt, immer mehr, immer engagierter, dann ist unser Glauben Lüge, dann ist die Wahrheit nicht in uns.

Kaum habe ich das gesagt, packt mich schon Unbehagen. Ja ja, die Liebe, damit sind alle sofort einverstanden, und niemand hat etwas dagegen. Doch genau das ist verdächtig. Warum, frage ich mich, sind wir alle so sehr für die Liebe – warum aber geht's trotzdem in der Welt stets liebloser, stets grausamer zu?

Die häufigste Antwort auf diese Frage lautet wohl: »... weil es dem bösen Nachbarn nicht gefällt.« Wir möchten schon, wir wären gern für Liebe und Frieden, aber eben: »Es kann der Frömmste nicht im Frieden leben, wenn es dem bösen Nachbarn nicht gefällt.«

Und schon sind wir dabei, Sündenböcke zu finden: »Ich möchte schon, doch der Nachbar Meier, die Kollegin Müller will nicht«; »wir möchten schon, aber die bösen Russen wollen nicht« oder der Khomeini oder irgendeiner.

Ein bekanntes Spiel, das mit dem Sündenbock! Wir möchten schon, aber die anderen wollen nicht. Dahinter steckt oft der Ärger darüber, daß andere nicht so *wollen* wie wir. Alle Probleme wären gelöst, denken wir, wenn doch die anderen nur auch so wären, nur auch so wollten wie wir – dann wäre das Reich der Liebe da!

Aber so geht es gerade nicht, das endet nicht bei der Liebe, sondern in der Selbstgerechtigkeit. Die Selbstgerechtigkeit verlangt Veränderung immer zuerst von den andern, nicht von uns selber. Darum ist der Glaube der Selbstgerechten, so rechtgläubig er daherkommen mag, immerzu Lüge, immerzu unwahr. Er verändert nichts zum Guten, er verändert alles nur zum Schlimmeren. Man kann das in der Geschichte sehen: Der selbstgerechte Glaube hat sich manifestiert in Kreuzzügen, in Eroberungen, in christlichen Völkermorden, z. B. an den Indianern und an anderen Völkern. Daß auf diese Weise schließlich eine lieblose und bis zur Selbstzerstörung grausame Welt entstanden ist, darf nicht verwundern. So geht es eben wirklich nicht! Liebe beginnt, wo wir die eigene Selbstgerechtigkeit durchschauen und ablegen! Vorher können uns die Augen für andere Menschen ja gar nicht aufgehen.

>>Und *daran* erkennen wir,
daß wir Ihn erkannt haben,
wenn wir Seine Gebote halten.<<

Gottes Gebote wollen uns verändern auf Liebe hin. Liebe beginnt mit dem Abbau der eigenen Selbstgerechtigkeit. Positiv formuliert: Sie beginnt damit, daß wir das Recht auch des andern erkennen und anerkennen. Vor allem ruft das Evangelium dazu auf, uns aktiv einzusetzen für Menschen, deren Rechte geschmälert sind. In diesem Sinne hat Jesus sich eingesetzt für die damals rechtlosen Frauen, für diskriminierte Samaritaner, für die wirtschaftlicher Willkür ausgesetzten Tagelöhner Galiläas. Und heute sind es wohl die ausländischen Saisonniers unter uns, die Flüchtlinge, andere Randgruppen der Gesellschaft, denen Rechte der Selbstbestimmung und Mitbestimmung vorenthalten werden.

Liebe hat etwas zu tun mit Recht, nämlich mit dem Recht des andern. Liebe beweist sich dadurch, daß man anderen zu ihrem Recht zu verhelfen versucht. Darum geht es heute z. B. in der Mission, in der kirchlichen Entwicklungshilfe. Und das eben ist die Veränderung, die der Glaube im Leben eines Glaubenden bewirkt, daß wir anfangen, an die Rechte derer zu denken, die weniger Rechte haben als wir selber.

>>Wer aber Sein Wort hält,
in dem ist wirklich die Liebe Gottes vollendet.

Daran erkennen wir,
daß wir in ihm sind.«

Und dann schreibt Johannes noch einen Satz, der uns erschrecken muß:

»Wer sagt, daß er in Ihm bleibe,
der hat die Pflicht,
auch selber so zu wandeln,
wie Jener wandelte.«

»... wie Jener« – das heißt wie Jesus selber.

Nichts mehr, nichts weniger wird verlangt, als daß wir »selbst so wandeln – so *leben!* –, wie Jener wandelte – wie *Jesus* gelebt hat.«

Uns muß das erschrecken. Und zwar deswegen, weil wir gewohnt sind, uns damit zu begnügen, an Gott, an Jesus zu *glauben*. Nun aber wird gesagt: Nein, »an Ihn glauben« genügt nicht. Es genügt nicht zu bekennen: »Auch ich glaube an Gott«. Es genügt ebensowenig zu sagen: »Jesus ist auch für meine Sünden gestorben«. Das bleibt alles unverbindlich, solange wir nicht die Pflicht erkennen, »auch selbst so zu wandeln, wie Jener wandelte.«

Das heißt nicht, daß wir den Lebenswandel Jesu kopieren sollen, was wir gar nicht mehr könnten, weil die Verhältnisse sich geändert haben.

Es geht bei diesem »*so* wandeln, wie Jener wandelte« um die Verwirklichung der Liebe, um unser Engagement für andere, um den Einsatz für das Recht von Menschen, deren Rechte geschmälert sind. Dafür hat Jesus sich eingesetzt, das war sein Lebensprofil, sein »Wandel« eben.

Der Glaube »an Ihn« ist der gute Anfang. Endgültig gut wird dieser Anfang erst, wenn er uns verändert und wir versuchen,

»auch selbst so zu wandeln,
wie Jener wandelte.«

Gebet

Gott, wir alle leben im Widerspruch:
  Obwohl wir wissen, daß wir uns nur in der Liebe zu
  andern finden und selber verwirklichen können, jagen wir blind dem eigenen Vorteil nach.
  Obwohl Du uns anweisest, den Nächsten zu lieben
  wie uns selbst, sind wir oft nicht einmal fähig, uns
  selbst in einem guten Sinne gern zu haben.
  Obwohl Du sagst, daß Letzte Erste werden, ärgern
  wir uns über Zurücksetzungen, verweigern zugleich
  aber solchen, die zurückgesetzt werden, die Solidarität.
  Und so weiter.
Wir bitten Dich, Gott:
  Heile unsere Widersprüche, mit denen wir Dir und
  auch uns selber im Wege stehen.
Besonders bitten wir Dich heute für die unzufriedenen Jugendlichen bei uns und für die Arbeiter in Polen.
  Gib, daß wir nicht den großen Protest im fernen Lande unterstützen, den kleinen Protest im eigenen Lande aber verachten. Das wäre nur wieder selbstgerecht.
Darum bitten wir Dich: Erlöse uns von der eigenen Selbstgerechtigkeit! Heile unsere Widersprüche! Mach uns
  zu Trägern und Zeugen DEINER Liebe!

(24. August 1980)

Vom alten Gebot zur neuen Praxis

Geliebte, nicht ein neues Gebot schreibe ich euch,
sondern ein altes Gebot,
das ihr von Anfang an hattet.
Das alte Gebot ist das Wort, das ihr gehört habt.
Wiederum schreibe ich euch ein neues Gebot,
das sich als wahr bestätigt an ihm und an euch.
Denn die Finsternis vergeht
und das wirkliche Licht scheint schon.
Wer sagt, er sei im Licht,
und haßt doch seinen Bruder,
der ist in der Finsternis
bis jetzt.
Wer seinen Bruder liebt,
der bleibt im Licht
und in ihm ist kein Anstoß.
Wer aber seinen Bruder haßt,
der ist in der Finsternis
und wandelt in der Finsternis
und weiß nicht, wo er hingeht,
denn die Finsternis
hat seine Augen mit Blindheit geschlagen.
1. Johannes 2,7–11

Nicht ein neues, ein altes Gebot sei das Gebot der Liebe,
eines, »das ihr von Anfang an hattet«. Es stimmt also nicht,
was man oft sagen hört, erst das Christentum habe das Gebot der Liebe in den Mittelpunkt gerückt. Johannes hat
recht: das Liebesgebot ist älter als das Christentum. Jesus

selbst hat übernommen, wortwörtlich aus dem Alten Testament: »Liebe deinen Nächsten wie dich selbst« (oder in einer ebenfalls möglichen Übersetzungsvariante »Liebe deinen Nächsten, denn er ist wie du«). Auch außerhalb der jüdischen Tradition ist das Liebesgebot bekannt. »Liebe den Mitmenschen« hat 500 Jahre vor Christus Konfuzius in China gefordert. Im Hinduismus und Buddhismus hat das Liebesgebot ebenfalls seine Überlieferung, wenn auch nicht eine zentrale. Und heute, wo man die alten Religionen Afrikas und der amerikanischen Indianer neu zu würdigen beginnt, entdecken wir, daß das Liebesgebot auch dort lebendig war und sogar ausgeweitet wurde auf die Tiere, auf die Pflanzen, als Liebe und Sympathie zu allen Dingen.

»Liebe« ist tatsächlich ein »altes Gebot, das ihr von Anfang an hattet«. Daran erinnern fast alle Religionen. Erst die Ersatzreligionen der Neuzeit, Kapitalismus, Marxismus, Technokratie, haben das alte Gebot der Liebe entthront oder in den privaten Bereich eingesperrt – mit welchen Folgen, das wird allmählich sichtbar.

Verwirrend ist nun aber, daß Johannes zunächst zwar betont, das Liebesgebot sei ein altes Gebot, dann plötzlich von demselben Gott jedoch sagt: »Wiederum schreibe ich euch ein neues Gebot, das sich als wahr bestätigt an ihm und an euch.«

Was soll das heißen?

Ich glaube, es so verstehen zu können:

Johannes hat hier Jesus vor Augen. Er, Jesus, hat das alte Gebot nicht nur wiederholt, er hat es *gelebt*, er hat gezeigt, wie ein Leben, wie auch ein Sterben aussieht, das die Liebe *verwirklicht*. In ihm ist das Wort der Liebe Mensch geworden, hat sich aus abstrakter Theorie in gelebte Praxis verwandelt. Allerdings ist Jesus mit dieser Liebespraxis an der

Lieblosigkeit der andern, an der Finsternis zunächst ge-
scheitert.

Aber, schreibt Johannes, »... die Finsternis vergeht und
das wirkliche Licht scheint schon«. Damit ist auf Ostern
angespielt, auf die Tatsache, daß Gott sich hinter den stellt,
den die Menschen verworfen und gekreuzigt haben. Jesu
Auferweckung vom Tod enthüllt, daß Gott selber seinem
Wesen nach Liebe ist, nicht nur Gesetzgeber, der andern
Liebe befiehlt, nicht nur Arzt, der andern Liebe verschreibt.

Das ist das Neue, ist das Licht, das Johannes und die
Gemeinden erleuchtet: »Gott ist Liebe.« Von da her bekommt das alte Liebesgebot eine neue Qualität, wird zum
neuen Gebot, denn jetzt geht's in der Liebe um Gott selbst
in seiner diesseitigen Wirklichkeit. Deswegen heißt es mit
aller Schärfe:

>   »Wer sagt, er sei im Licht,
>   und haßt doch seinen Bruder,
>   der ist in der Finsternis bis jetzt.«

»Licht« bedeutet bei Johannes ja immer auch Gott, »Finsternis« dagegen »Ferne von Gott, ohne Gott und deshalb
ohne Glück und Zukunft«. Unerbittlich hämmert Johannes ein:

>   »Wer aber seinen Bruder haßt
>   (also: irgendeinen seiner Mitmenschen),
>   der ist in der Finsternis
>   und wandelt in der Finsternis
>   und weiß nicht, wo er hingeht,
>   denn die Finsternis
>   hat seine Augen mit Blindheit geschlagen.«

Ebenso deutlich und klar aber sagt der Apostel:
>   »Wer seinen Bruder liebt

(also: seinen Mitmenschen),
der bleibt im Licht
(also: in Gott)
und in ihm ist kein Anstoß.«

Aus diesem Licht stammt z. B. das kühne Wort des Kirchenvaters Augustin, der alle Glaubenspraxis auf den einzigen Satz reduziert hat: »Liebe – und tu, was du willst«, wozu die Liebe dich inspiriert! Das, wozu lebendige Liebe inspiriert, kann man nicht in detaillierte Vorschriften fassen, das wäre nur wieder toter Buchstabe, der den Geist der Liebe tötet.

Immer geht es in der Liebe um nichts mehr, um nichts weniger als um Gott selber in seiner diesseitigen Wirklichkeit. Die religiöse und politische Denkerin Simone Weil hat das so formuliert: »Keine andere Fähigkeit als die Liebe kann Gott wahrnehmen.«

Wer liebt, nimmt Gott wahr und entdeckt dadurch erst recht, was Liebe ist. Sie ist z. B. mehr, als daß man alle Menschen gleich behandelt. Liebe liebt gerade das Ungleiche, das Verschiedenartige, das, was an andern anders ist als an uns selber. Oder ist dieses Andere doch nicht so anders? Deckt das Anders-Sein des anderen vielleicht helle oder dunkle Seiten in uns selber auf, die uns bisher verborgen waren, die wir möglicherweise verdrängt haben? So ist es doch auffällig, wie sehr die Entrüstung Erwachsener über jugendliche Demonstranten oft dem Unmut der Jugendlichen selber gleicht, nur wird man sich dessen nicht bewußt. Der andere ist anders – und doch sagt das alttestamentliche Gebot nicht umsonst: »Liebe deinen Nächsten, denn er ist wie du.«

Liebe ist Bejahung des andern. Sie sagt und zeigt: »Es ist gut, daß es dich gibt!« Dies nicht bloß als Feststellung, sondern als Willensäußerung: »Ich *will*, daß es dich gibt!

Ich *will*, daß du bist, was du sein kannst!« Liebe ist Parteinahme für das Dasein der andern, für seine Rechte und Möglichkeiten. Nicht anders liebt Gott *uns*, weil er ja will, daß es uns gibt, daß wir werden, was wir sein können. Die Liebe und Lust Gottes an uns ist das Licht, in dem wir leben dürfen, leben sollen. Konkret heißt das eben:

> »Wer seinen Bruder liebt,
> der bleibt im Licht,
> und in ihm ist kein Anstoß.«

Und wenn ihr, liebe Frauen, an dieser einseitig maskulinen Formulierung Anstoß nehmt, mit gutem Grund, dann dürfen wir den Wortlaut fröhlich erweitern in der Gewißheit, daß Gottes Liebe genauso schwesterlich wie brüderlich ist. Also:

> »Wer seine Mitmenschen als Brüder und Schwestern liebt,
> der bleibt im Licht,
> und in ihm ist kein Anstoß.«

Gebet

Der Du Liebe bist,
   Gott,
   und damit das Licht in äußeren und inneren Finsternissen, erleuchte uns, wir bitten Dich, im Umgang mit unseren Mitmenschen, damit wir einander helfen und ermutigen können.

Wo wir müde werden und resignieren möchten, da stell' uns wieder auf.

Wo wir an uns selber zweifeln, da laß uns spüren, daß du uns brauchst, damit wir brauchbar werden.

Und wo wir auf Mitmenschen stoßen, die ganz anders

denken und leben als wir, da laß uns nicht selbstgerecht reagieren.

Auch Du bist ja anders, sehr anders als wir!

Gerade dadurch ziehst Du uns in neue Erkenntnisse und Erfahrungen hinein, aus dem Alten ins Neue, aus dem Dunkel ins Licht.

(14. September 1980)

Wo ist Gott?

Ich schreibe euch, Kindlein,
denn euch sind die Sünden vergeben
um seines Namens willen.
Ich schreibe euch, Väter,
denn ihr habt den erkannt,
der von Anfang an ist.
Ich schreibe euch, Jünglinge,
denn ihr habt den Bösen überwunden.
Ich habe euch geschrieben, Kinder,
weil ihr den Vater erkannt habt.
Ich habe euch geschrieben, Väter,
weil ihr den erkannt habt,
der von Anfang an ist.
Ich habe euch geschrieben, Jünglinge,
weil ihr stark seid
und das Wort Gottes in euch bleibt
und weil ihr den Bösen überwunden habt.
Liebet nicht den herrschenden Weltzustand,
noch was in ihm üblich ist.
Wer die herrschenden Verhältnisse liebt,
in dem ist die Liebe Gottes nicht.
Denn alles, was in der Welt jetzt üblich ist,
die Gier nach immer mehr,
die gierigen Augen,
das gegenseitige Sich-Übertrumpfen,
kommt nicht vom Vater,
sondern aus der Verkehrtheit der jetzigen Welt.
Und der jetzige Weltzustand vergeht
mit seiner Gier.

Wer aber den Willen Gottes tut,
bleibt in Ewigkeit.
1.Johannes 2,12–17
(Übersetzung nach Gaugler/Zürcher Bibel/Ba-
sisbibel)

Zunächst hat man den Eindruck, hier spreche Johannes Menschen verschiedener Altersgruppen an: Kindlein, Jünglinge, Väter.

Dann aber stutzt man: Wo bleiben neben den Jünglingen die Mädchen, neben den Vätern die Mütter? Ist Johannes vielleicht wieder zurückverfallen in die maskuline Religiosität seiner jüdischen Religion, die die Frauen als nicht gottesdienstfähig, als nicht gemeindefähig betrachtet hat?

Wahrscheinlicher ist, daß mit »Kindlein, Jünglingen, Vätern« nicht Altersgruppen gemeint sind, sondern Abstufungen in der Gemeindezugehörigkeit. »Kindlein« wären dann die Neugetauften, d. h. erwachsene Männer und Frauen, die erst kürzlich in die Gemeinde aufgenommen worden sind; »Jünglinge« wäre dann die Gruppe jener, die seit einiger Zeit und »Väter« jene, die schon seit langem zur christlichen Gemeinde gehören.

Sie alle werden von Johannes an die gemeinsame Gotteserkenntnis und an gemeinsame Erfahrungen im Kampf mit dem Bösen erinnert. Möglich ist, daß es zwischen langjährigen und neuen Gemeindegliedern zu Konflikten gekommen ist und daß Johannes deswegen an das Gemeinsame erinnern, daß er auch eindringlich mahnen muß:

»Liebet nicht den herrschenden Weltzustand,
noch was in ihm üblich ist.
Wer die herrschenden Verhältnisse liebt,
in dem ist die Liebe Gottes nicht.«

Was kennzeichnet den jetzigen Weltzustand?

Im 1. Kapitel hat Johannes geschrieben: Finsternis ist das Kennzeichen der herrschenden Verhältnisse, Gott dagegen ist Licht.

Diese Erkenntnis wird nun weiter vorangetrieben. Dabei geht es nicht darum, die Welt schlecht zu machen. Mit negativen Urteilen über die böse Welt haben moralisierende Christen nie gespart. Doch im Namen *welchen* Gottes ist da eigentlich moralisiert worden? Diese Frage hat man sich nicht gestellt, um sie aber geht es hier!

Johannes stellt und beantwortet die Frage: »wo ist Gott?«

Wir denken vielleicht: überall – Gott ist überall. Wir kennen aber die Wortverbindung: überall – und nirgends! Wer überall ist, droht nirgends mehr zu sein.

Stellen wir die Frage anders: Gibt es Orte, wo Gott ist, und Orte, wo er nicht ist?

Ja, das gibt es, Jesus hat's deutlich gesagt: Gott ist dort, wo Menschen Frieden schaffen – er ist dort *nicht*, wo Menschen Kriege planen und entfesseln. Gott ist mit denen, die um der Gerechtigkeit willen verfolgt werden, er ist *nicht* mit denen, die verfolgen. Gott ist mit den Gewaltlosen und Zärtlichen, er ist *nicht* mit den Gewalttätigen und Rücksichtslosen. Gott ist dort, wo Hungrige gespeist werden, er ist dort *nicht*, wo die weitere Verarmung der Hungerländer betrieben wird.

Für Jesus war klar: Es *gibt* Orte, Gemeinschaften, wo Gott *nicht* ist. Und andererseits gibt es Orte, Gemeinschaften, wo er ist, wo er Wohnung nimmt, wo man ihm begegnen kann.

Ebenso sieht es Johannes.

»Wer die herrschenden Verhältnisse liebt«, schreibt er, »in dem ist die Liebe Gottes nicht.«

Warum nicht?

Darum nicht, weil die herrschenden Verhältnisse geprägt sind durch »die Gier nach immer mehr, die gierigen Augen, das gegenseitige Sich-Übertrumpfen.« Das aber kommt »nicht vom Vater, sondern aus der Verkehrtheit der jetzigen Welt.«

Radikaler, aktueller kann keine Gesellschaftskritik sein, ist doch der Motor gerade unserer derzeitigen Gesellschaft die Gier und die Anstachelung der Gier nach immer mehr.

Gott aber ist nicht Gier, Gott ist Liebe. Darum ist er dort *nicht*, wo gerafft, gehäuft, erobert wird, er *ist dort*, wo geliebt, geschenkt und befreit wird. Er ist nicht in den herrschenden Verhältnissen, er ist dort, wo versucht wird, anders, besser, sinnvoller zu handeln, zu leben. Das ist der Grund, weshalb der Weltkirchenrat z. B. feststellt: Gott ist nicht dort, wo Rassismus praktiziert wird – er ist dort, wo Rassismus bekämpft wird. Oder: Gott ist nicht dort, wo immer mehr Rüstung aufgebaut wird, er ist dort, wo Rüstung abgebaut wird. Man hat dem Weltkirchenrat diese Feststellungen übel genommen. Doch im Grunde kann und darf eine Kirche gar nicht anders reden als so, d. h. im Sinne von Jesus, von Johannes. Wenn Kirchen eine Aufgabe haben, dann ist es zuallererst die, klar zu sagen: *Hier* ist Gott – und *hier* ist er *nicht*.

Eine Kirche, die das nicht tut, die vorsichtig schweigt, versäumt ihre Verkündigungspflicht. Anstatt Gotteserkenntnis zu fördern, verhindert sie eine solche. Anstatt das Licht leuchten zu lassen, verfinstert sie es. So habe ich bis jetzt z. B. vergeblich auf ein Wort der Berner Kirche zur Nichtwiederwahl von Frau Pfarrer Vreni Biber in Moutier gewartet. Es genügt in diesem speziellen Fall nicht, zu sagen, Wahl oder Nicht-Wahl eines Pfarrers sei Sache der einzelnen Kirchengemeinde, Synode oder Synodalrat dürften sich da nicht einmischen. Nötig wäre nicht eine Einmischung in die Selbständigkeit der deutschsprachigen Kirchengemeinde Moutier gewesen, sondern eine Klärung, Abklärung, Feststellung. Warum nämlich ist Frau Pfarrer Biber nicht wiedergewählt worden? Darum, weil sie versucht hat, in der totalen Haß-Polarisierung zwischen jurassischen Autonomisten und Berntreuen eine christliche Haltung zu bewahren. Sie hat weiterhin mit allen Leuten gesprochen, auch mit Autonomisten. Sie hat wie früher in Geschäften eingekauft, gleichgültig, ob der Besitzer nun ein Berntreuer oder ein Autonomist ist. Der Kirchengemeinderat hat sie in dieser Haltung unterstützt, in der Meinung, das sei christlich gehandelt, es müsse doch noch Menschen geben, die aus christlicher Liebe die Mauern des Hasses und des Fanatismus aufzulockern versuchen. Dagegen hat eine sonst nicht sehr kircheneifrige Mehrheit von fanatischen Berntreuen die Nichtwiederwahl von Frau Pfarrer zustandegebracht. Und da eben, da wäre ein Wort der Berner Kirche fällig gewesen zur Frage: Was ist in einer so tief vom Haß gespaltenen Stadt wie Moutier christliches Verhalten? Oder eben: Wo ist in diesem Fall Gott? Ist Gott mit Frau Pfarrer Biber, die sich bemüht hat, mit allen Leuten zu sprechen – oder ist er mit jenen Berntreuen, die sagen: Nein, auch eine Pfarrerin darf und soll keinen Umgang mit Autonomisten haben, lieber schließen wir die Kirche, als so etwas zuzulassen, BERNTREUE IST WICHTIGER ALS TREUE ZUM EVANGELIUM.

Für mich gibt es keinen Zweifel: der Gott Jesu Christi ist mit Frau Pfarrer Biber. Das eben hätte gesagt werden müssen! Aus Vorsicht und Diplomatie, wahrscheinlich auch aus Ängstlichkeit ist es nicht gesagt worden. Die Folge davon ist, daß jetzt erst recht unklar ist, wie sich ein Christ denn nun christlich verhalten soll in der heißen, zugleich verfahrenen Situation in Moutier, im Südjura, aber auch anderswo. Das Licht ist verdunkelt, Gott ist unkenntlich geworden, die offizielle Kirche hat sich den herrschenden Zuständen schweigend gefügt.

Aber, so mahnt Johannes,

»der jetzige Weltzustand vergeht mit seiner Gier«, auch mit der kirchlichen Gier nach allseitiger Anerkennung, deren Kehrseite die Angst vor klaren Aussagen und Stellungnahmen ist. Man will es mit niemandem verderben, gerade so jedoch verdirbt man es mit Gott.

»Wer aber den Willen Gottes tut«, sagt Johannes weiter, »der bleibt in Ewigkeit.«

Um so schlimmer, wenn eine Kirche sich nicht mehr getraut zu sagen, was der Wille Gottes ist, daß er z. B. genau das ist, was Frau Pfarrer Biber in Moutier getan hat, was in anderen Zusammenhängen auch wir tun sollten, nämlich Friedensarbeit im Kleinen betreiben, von Mensch zu Mensch den Haß abbauen, der Gewalt vorbeugen. Auch Haß, auch Gewalt gehören zu jener unseligen Gier, die alles zerstört und deshalb Finsternis ist.

Gott dagegen ist Licht, Gott ist Liebe, und Christen werden wir erst, wenn auch wir Licht in die Finsternis, Liebe in den Haß hineinbringen. Das ist Gottes Wille mit uns, für uns.

»Wer aber den Willen Gottes tut,
bleibt in Ewigkeit.«

(26. Oktober 1980)

Christen und Antichristen

Kindlein,
es ist die letzte Stunde,
und wie ihr gehört habt,
daß *ein* ›Antichrist‹ kommt,
so sind nun *viele* Antichristen aufgetreten.
Daran erkennen wir,
daß es letzte Stunde ist.
Sie sind von uns ausgegangen,
aber sie gehörten nicht zu uns;
denn wenn sie aus uns waren,
wären sie bei uns geblieben.
Aber es mußte offenbar werden,
daß sie nicht alle zu uns gehören.
Ihr aber habt die Salbung
von dem, der heilig ist,
und wißt alles.
1.Johannes 2,18–20

Mit »Kindlein« redet Johannes vermutlich neue Gemein-
deglieder an, Neu-Christen also, die er über die Situation
der Gemeinde ins Bild setzen will. Schwere Konflikte
scheinen nämlich die Gemeinde gespalten und reduziert zu
haben. Offensichtlich haben ganze Gruppen sich von der
Gemeinde getrennt, wir wissen nicht genau weshalb, aber
es muß um Meinungs- und Glaubensverschiedenheiten
über Jesus Christus gegangen sein, über seine Bedeutung,
seine Absichten und Ziele. Darum geht es im Grunde heute noch, wenn es Streit gibt in den Gemeinden oder wenn

Leute aus der Gemeinde austreten. Auch wenn die Begründung dabei z. B. lautet, die Kirche sei zu wenig politisch oder zu sehr politisch, sie stehe zu sehr rechts oder zu sehr links, es geht dabei immer um die Frage: Wo stand, wo steht denn eigentlich Jesus, und worauf will er heute hinaus mit uns?

Seltsamerweise versucht Johannes die Abtrünnigen nicht zurückzuhalten, im Gegenteil, er begrüßt ihre Abwanderung, weil dadurch klarere Verhältnisse entstanden seien:

>Es mußte offenbar werden,
daß sie nicht alle zu uns gehören.<

Johannes ist nicht darauf bedacht, den Mitgliederbestand der Gemeinde um jeden Preis zu halten und deshalb niemanden zu verärgern mit klaren, deutlichen Aussagen. Er hat diese Freiheit, weil er den Konflikt in einem größeren, in einem endzeitlichen Zusammenhang sieht:

>Kindlein, es ist die letzte Stunde<, schreibt er, die letzte Stunde der Welt.

Diese Überzeugung, daß die Welt kurz vor ihrem Ende stehe, hat Johannes mit Jesus, aber auch mit Paulus geteilt. Nach fast 2000 Jahren müssen wir zugeben, daß sie sich getäuscht haben mit dieser kurzfristigen Enderwartung.

Ist der Glaube an ein Ende der Welt vielleicht überhaupt eine Täuschung?

Der optimistische Fortschrittsglaube hat lange Zeit tatsächlich angenommen, das Reden vom Ende der Welt sei abergläubisches Gerede unaufgeklärter Leute.

Heute läuft Aufklärung plötzlich anders. Gerade Forscher und Wissenschaftler sind es, die uns aufklären, daß es letzte Stunde, fünf Minuten vor zwölf sei. Die einen denken dabei an die Gefahr eines bevorstehenden Atomweltkrieges, andere an die rapide Zerstörung unserer natürlichen Lebensbasis. Plötzlich jedenfalls ist das Ende ein Thema nüchterner Aufklärung geworden. Phantasten sind jetzt diejenigen, die diese Möglichkeit nicht wahr haben wollen. Genau gesagt geht es um das Verschwinden des menschlichen Lebens von diesem Planeten. Im Unterschied zur Zeit des Johannes glaubt man nicht, daß Gott es ist, der allenfalls der Menschheit ein Ende setzt, sondern man weiß, daß dieses Ende ein Menschenwerk sein kann; die Mittel dazu stehen zur Verfügung, sind zum Teil schon in Anwendung. Jedenfalls ist die Menschheit durch die Menschheit vernichtbar geworden. Wenn es letzte Stunde ist, so auf eine noch andere Weise, als die neutestamentlichen Zeugen sich das gedacht haben können. Uns bleibt nicht einmal der Trost, daß Gott es so gewollt habe. Es gibt zwar Christen, die gerade das behaupten, die also sagen, wenn ein Atomkrieg uns auslösche, sei das Gottes Wille.

So etwas halte ich aber für pervers. Es liefe darauf hinaus, daß Gott unseren kollektiven Selbstmord will. Wer das behauptet, der gehört meiner Meinung nach zu den »Antichristen«, die laut Johannes in der Endzeit, in der letzten Stunde auftreten.

Die Figur des Antichrists war den Briefempfängern bekannt, darum knüpft Johannes an sie an, erweitert aber die Einzahl zur Mehrzahl:

»... und wie ihr gehört habt,
daß *ein* ›Antichrist‹ kommt,
so sind nun *viele* Antichristen aufgetreten.
Daran erkennen wir,
daß es letzte Stunde ist.«

Johannes entmythologisiert also. Der Antichrist ist nicht als mythologische Figur, nicht als Gegen-Gott zu erwarten. Vielmehr handelt es sich bei ihm um konkrete Menschen, die schon jetzt am Werk sind – nicht etwa Ungläubige, sondern Leute, die zur Gemeinde gehören, vielleicht auch eine neue Gemeinde gegründet haben, und die durchaus behaupten, an Christus zu glauben. Johannes wirft ihnen vor, sich auf Christus zwar zu berufen, dabei aber ganz anderes zu verkünden und zu tun als Christus gesagt und gelebt hat. Heute können wir es so sagen: Wer behauptet, Gottes Wille sei die Selbstzerstörung der Menschheit, der denkt, der redet nicht im Auftrag Christi, der denkt und redet gegen Christus, denn dafür, für unsere klägliche Selbstzerstörung, hat Christus nicht gelebt, dafür ist er nicht gestorben und nicht auferstanden.

Unsere Selbstzerstörung, wenn sie weiter ihren Lauf nehmen sollte, wäre nicht Gottes Werk, sondern die Tat von uns Menschen, nicht der Wille Christi, sondern unsere eigene antichristliche Schuld.

Wir sollten uns jedoch hüten vor Grüppchen, Gruppen und Heilskonzernen, die jetzt auf dem Feuer der Untergangsangst ihr eigenes Süppchen kochen, die uns versprechen: Wenn ihr zu uns kommt, dann werdet ihr so oder anders überleben. Das ist bloß ein Appell an die Illusionen unseres Egoismus.

Nötig, christlich wäre der Appell zur Solidarität mit dem Leben auf unserer Erde, mit den jetzigen Menschen und mit unseren Nachkommen! Für sie, für uns alle hat Gott die Erde geschaffen. Für die gute, heilvolle Zukunft der Menschheit hat Jesus gelebt und ist er gestorben. Christlich kann nur der Widerstand sein gegen die mögliche Selbstzerstörung, Widerstand auf allen Ebenen vom Kampf für die Erhaltung von Bäumen bis zum Kampf gegen Krieg und Rüstung, vom Kampf gegen die Vergiftung der Erde bis zum Kampf für Völkerverständigung und Frieden.

Im tiefsten Grunde ist auch die manifest gewordene Unzufriedenheit mancher Jugendlicher ein Appell an uns, diesen Kampf um die Zukunft des Lebens auf unserem Planeten endlich energisch zu führen und uns nicht bequem von angeblichen Sachzwängen in den Untergang treiben zu lassen.

Der Auflehnung Jugendlicher entspricht die resignierte Verzweiflung Erwachsener. Die Schweiz ist seit langem eines der Länder, die die Statistik der Selbstmordzahl anführen. Und nicht zufällig ist Zürich, die Stadt der größten Jugendkrawalle, zugleich die Stadt mit der weltweit höchsten Selbstmordzahl. Bereits sind Suizidforscher nach Zürich gekommen, um das Phänomen an Ort und Stelle zu studieren.

> »Daran erkennen wir,
> daß es letzte Stunde ist«

– und letzte Stunde meint: Zeit der Wende, Entscheidungsstunde; grundlegende Veränderungen werfen ihre Schatten voraus, rumoren unterschwellig und gefährlich in uns allen.

> »Ihr aber«, schreibt Johannes, »habt die Salbung
> von dem, der heilig ist,
> und wißt alles.«

Salbung mit Öl ist zu jener Zeit das Symbol des Heiligen Geistes, des Gottesgeistes, gewesen. Daran erinnert Johannes die Briefempfänger:

> »Ihr habt den Geist von dem – von Gott –,
> der heilig ist
> und wißt alles.«

Gemeint ist: Ihr wißt alles, was von Gottes Willen und Absichten zu wissen nötig ist, was davon durch Jesus Christus enthüllt worden ist. Und das heißt heute: Ihr wißt, daß Gott nicht die Selbstauslöschung der Menschheit, sondern den Kampf dagegen will, daß er nicht Rüstung, sondern Abrüstung, nicht umweltzerstörendes Wachstum, sondern Selbstbegrenzung will. »Heilig« wird Gott hier genannt; heilig, d. h. Respekt gebietend sollte uns wieder werden, was er geschaffen hat. Darum ist mir z. B. nicht verständlich, warum gerade evangelikale und fundamentalistische Christen in den USA den Kandidaten Reagan vehement unterstützt haben, der – laut Neuer Zürcher Zeitung – sich zu dem Satz hat hinreißen lassen, die Luft werde nicht durch die Industrie, sondern zu 80% durch die Bäume verunreinigt ...

In solcher Geistesverwirrung, die selbst christliche Kreise erfaßt hat, gilt es, einen klaren, vom Geist Gottes geklärten Kopf zu behalten, der zwischen heilig und heillos, zwischen christlich und antichristlich zu unterscheiden weiß. Vor allem gilt es, am Kampf des heiligen Gottes gegen Unheil und Heillosigkeit aktiv teilzunehmen. Dieser Kampf ist vielfrontig, es gibt heute viele Gruppen und Aktionen, die im Kleinen wie im Großen für die Erhaltung der Umwelt, für mehr Menschenfreundlichkeit, mehr Kinderfreundlichkeit kämpfen, gegen den Verkehrsterror, gegen unnötige Häuserabbrüche, für Entwicklungspolitik, Friedensarbeit, Abrüstung und so weiter. Es gibt viele Möglichkeiten für jeden von uns. Hauptsache, daß wir nicht beiseitestehen, weil auch der Heilige, nämlich Gott selbst, nicht beiseitegestanden ist, sondern sich eingemischt, sich engagiert hat in Jesus Christus, der dafür gelebt hat, dafür gestorben ist, damit wir eine Zukunft haben.

(16.November 1980)

Ich habe euch nicht geschrieben,
weil ihr die Wahrheit *nicht* wißt,
sondern weil ihr sie wißt
und deshalb *ebenfalls* wißt, daß jede Lüge nicht aus
der Wahrheit stammt.
Wer ist der Lügner,
wenn nicht der, der leugnet,
daß Jesus der Christus ist?
Dieser ist der Antichrist,
der den Vater und den Sohn leugnet.
Jeder, der den Sohn leugnet,
hat auch den Vater nicht.
Wer aber den Sohn bekennt,
hat auch den Vater.
1. Johannes 2,21–23

Kirchenspaltung hat's nicht erst im 11. Jahrhundert gegeben, wo die Ostkirche sich von der päpstlichen Westkirche
getrennt hat, und auch nicht erst im 16. Jahrhundert, wo
die westeuropäische Kirche sich nochmals aufgespalten hat
in die päpstliche Kirche und die reformatorischen Kirchen.
Kirchenspaltungen hat es nachher noch, ebenfalls aber
vorher gegeben, auch schon in der Frühzeit der Johannesbriefe. Spaltungen gehören mit zum Kreuz, das die ge-
schichtliche Kirche immer hat tragen müssen. Und verges-
sen wir nicht: das Kreuz Jesu selbst markiert ebenfalls eine
solche Spaltung, nämlich die zwischen der jüdischen Prie-
sterreligion und der ebenfalls jüdischen Jesus-Bewegung.

Das ist die allererste Spaltung gewesen, ein Grundmuster vieler nachfolgender Kirchenspaltungen. Jesus ist eben immer beides zugleich gewesen und geblieben: Integrationsfigur *und* Spaltpilz! Das ist nicht anders möglich, weil der Wahrheit sich immer sogleich die Lüge entgegenstellt. Auch den Gemeindekonflikt und die Gemeindespaltung seiner Zeit sieht Johannes unter diesem Aspekt des Kampfes zwischen Wahrheit und Lüge:

> »Ich habe euch nicht geschrieben,
> weil ihr die Wahrheit *nicht* wißt,
> sondern weil ihr sie wißt
> und deshalb ebenfalls wißt,
> daß jede Lüge nicht aus der Wahrheit stammt.«

Doch wovon redet Johannes, wenn er von Wahrheit spricht? Er redet nicht von einer Theorie, sondern von einer Person, von Jesus. In Jesus ist Gottes *wahre* Absicht für unsere Welt erkennbar geworden. Darum nennt der Glaube ihn Christus oder Messias, was heißt »der Gesalbte«, der von Gott Bevollmächtigte. Mit anderen Worten: Hinter allem, was dieser Messias oder Christus sagt, tut und erleidet, steht Gott selbst. Wenn der christliche Glaube bekennt, daß Jesus dieser Bevollmächtigte ist, dann besagt dies: er ist Gottes *Wahrheit* für unsere Welt! Darum feiern wir seine Geburt als Menschwerdung der Wahrheit Gottes.

Doch eben, wo die Wahrheit erscheint, erhebt auch die Lüge ihr Haupt. Johannes schreibt:

> »Wer ist der Lügner,
> wenn nicht der, der leugnet,
> daß Jesus der Christus ist?
> Dieser ist der Antichrist,
> der den Vater und den Sohn leugnet.
> Jeder, der den Sohn leugnet,

hat auch den Vater nicht.
Wer aber den Sohn bekennt,
hat auch den Vater.«

Wer leugnet, daß der Mensch Jesus Gottes Wahrheit ist, der leugnet Gott überhaupt.

Das sind nun allerdings starke Worte, gefährliche Worte sogar! Die Christen haben sie immer wieder zum Vorwand genommen, um anderen den eigenen Christus-Glauben aufzuzwingen, oft mit Gewalt. Dieser furchtbare Irrweg ist aber nur möglich gewesen, weil man glaubte, die Wahrheit Gottes BESITZEN und wie einen Besitz verteidigen oder anderen eben aufdrängen zu können.

In einem ebenfalls johanneischen Satz sagt Jesus aber: »Ich bin die Wahrheit.« (Joh 14,6). Diese personale Formulierung macht klar: JESUS als Wahrheit GOTTES kann niemals ein Besitz sein, den wir uns aneignen, über den wir verfügen können. Dieser Wahrheit können wir *begegnen*. Nach allem, was die Christenheit auf dem Kerbholz hat, könnte es sein, daß Jesus als Gottes Wahrheit uns heute auch in anderen als nur in traditionell christlichen Formen begegnet, daß er z. B. auch aus anderen Religionen als Wahrheit auf uns zukommt.

Wenn Jesus nicht UNSER Besitz, sondern Gottes Wahrheit ist, dann muß mit solchen Möglichkeiten jedenfalls gerechnet werden. Darauf weist bereits die Weihnachtsgeschichte hin mit der Huldigung der drei Weisen. Sie sind ja weder Juden noch Christen gewesen, sondern Angehörige einer östlichen Religion mit offenbar astrologischen Traditionen. Und das scheinen sie auch geblieben zu sein, obwohl sie den Glauben an den neugeborenen Messiaskönig mit zurückgenommen haben in ihre Heimat, ihn vielleicht eingebracht haben in ihre eigene Religion.

Jedenfalls öffnet die Geschichte der drei Weisen von Anfang an den weltweiten Horizont Jesu Christi und sprengt signalhaft alle Abgrenzungen zwischen den verschiedenen Religionen. Nicht *eine Religion* ist DIE Wahrheit, sondern Jesus ist sie! Jesus, der Christus, den Juden gekreuzigt und Christen verraten haben –: darum gibt es weder für Juden noch für Christen den geringsten Anlaß, verächtlich auf andere Religionen, auf die früher so genannten »Heiden« herabzublicken. In vielen und sogar in lebenswichtigen Dingen geben manche dieser »heidnischen« Religionen Beispiele, die zu beherzigen wir allen Grund hätten, ich denke z. B. an die von den Christen fast ausgerotteten Indianer und ihre religiöse Ehrfurcht vor allem Lebendigen.

Die Grenze zwischen Wahrheit und Lüge ist also nicht identisch mit den Grenzen zwischen Religionen. So geht auch die Grenze zwischen Wahrheit und Lüge mitten durch die christlichen Gemeinden hindurch.

Wie aber können wir zwischen Wahrheit und Lüge inhaltlich unterscheiden lernen?

»Wer den Sohn bekennt, hat auch den Vater« – und stammt damit aus der Wahrheit, sagt Johannes.

Doch was heißt: Den Sohn bekennen?

Den Sohn bekennt, wer die von ihm gezeigte, gelebte Wahrheit Gottes nachzuleben versucht.

Wie das geschehen kann, sagt Jesus in den Seligpreisungen der Bergpredigt. Sie entlarven manche vergangene und gegenwärtige Christentumspraxis ebenso als Lüge, wie sie manche Lehren und Praktiken etwa des Buddhismus oder indianischen Religionen als Wahrheit aufdecken. Heute ist die Bergpredigt Jesu mit den Seligpreisungen fast zur Magna Charta des Überlebens von uns allen, von Christen wie Nicht-Christen, geworden. Immer mehr leuchtet sie auf als die allein noch rettende Wahrheit inmitten einer Welt der Lüge und der Selbstzerstörung. Man könnte die Seligpreisungen sinngemäß etwa so wiedergeben:

Aus der Wahrheit sind die religiös Besitzlosen;
   ihnen ist das Reich Gottes verheißen.
Aus der Wahrheit sind *die*, die fähig zum Trauern und
   zum Mit-Leiden sind;
   sie werden getröstet werden.
Aus der Wahrheit sind die Gewaltlosen,
   darum werden sie einst die Erde besitzen.
Aus der Wahrheit sind *alle*,
   die hungern und dürsten nach
   Gerechtigkeit, denn sie werden satt werden.
Aus der Wahrheit sind die Erbarmenden,
   deshalb werden sie Erbarmen finden.
Aus der Wahrheit sind die Aufrichtigen;
   sie werden Gott schauen.
Aus der Wahrheit sind die Friedensstifter
   und Pazifisten;
   sie werden Söhne und Töchter Gottes heißen.
Aus der Wahrheit seid ihr, wenn ihr meinetwegen
   beschimpft,
   verfolgt und mit Lügen verleumdet werdet.
(Nach Matthäus 5,3–10)

Gebet

Der Du bist, der Du warst, der Du kommst,
Du Gott unserer Freude,
als Schöpfer bist Du die Liebe zum Leben.

In Jesus ist Deine Liebe Wort und Wahrheit geworden.
Jetzt, in dieser Advents- und Weihnachtszeit möchten wir
uns darüber freuen.
Hilf, daß wir's können. Amen.

(14. Dezember 1980)

Leben für das Leben

Was ihr gehört habt von Anfang an,
das bleibe in euch.
Und wenn, was ihr von Anfang an hörtet,
in euch bleibt,
so werdet auch ihr im Sohne
und im Vater bleiben.
Und das ist die Verheißung,
die er selbst uns verheißen hat:
das ewige Leben.
Dies habe ich euch geschrieben
über die, die euch verführen wollen.
Und die Salbung,
die ihr von ihm empfangen habt,
bleibt in euch,
und ihr habt nicht nötig,
daß irgendwer euch belehre,
sondern wie seine Salbung euch alle Dinge lehrt,
so ist sie auch wahr
und ist nicht Lüge,
und wie sie euch belehrt hat,
bei dem sollt auch ihr bleiben!
1. Johannes 2,24–27

Ich weiß, für einen Neujahrsmorgen ist das in der Formulierung ein etwas mühsamer Text. Doch erstens möchte ich auch heute, gerade heute, mit der Auslegung des 1. Johannesbriefes weiterfahren. Und zweitens ist der Inhalt denn doch nicht so kompliziert! Gegenüber allerlei Besserwissern und Irrlehrern, gegen die Johannes – wir wissen es schon – immer wieder anschreiben muß, ermahnt er jetzt: Bleibt bei Jesus Christus! Bleibt bei dem, was seines Geistes ist!

Ein besseres Losungswort zum Jahresbeginn kann es wohl nicht geben! »Bleibt bei Jesus, dem Christus! Bleibt bei dem, was seines Geistes ist!«

Was ist seines Geistes?

Johannes: »Das ewige Leben.«

>>Und das ist die Verheißung
die er selbst uns verheißen hat:
das ewige Leben.«

Aber Achtung! »Ewiges Leben« heißt für Johannes nicht nur Leben NACH dem Tod! Im Evangelium desselben Johannes sagt Jesus: »Wahrlich, wahrlich, ich sage euch: Wer mein Wort hört und dem glaubt, der mich gesandt hat, der hat ewiges Leben ...«, der *hat* es jetzt schon!

So hat es Jesus verkündet, das ist seines Geistes, ist seine Salbung: das ewige Leben hier und jetzt schon!

»Ewig« bezeichnet bei Johannes nicht eine Zeitdauer oder gar Zeitlosigkeit, es bezeichnet eine Qualität, »wahres« Leben könnte man sagen, oder vielleicht »Lebensqualität«. Und da das Wörtlein »ewig« mit Gott zu tun hat, der seinerseits nicht Quantität, sondern Qualität ist, könnte man von einer göttlichen Qualität sprechen. Diese göttliche Qualität des Lebens versteht sich nicht von selbst, sie beginnt, wenn wir uns vom Geiste Gottes inspirieren, anstecken lassen. Dann fängt an, was »er selbst uns verheißen hat: das ewige Leben!«

Unter diesem Gesichtspunkt muß das Jahr 1981 nicht einfach wieder ein Jahr mehr sein, ein Jahr älter, ein Jahr wie jedes andere. Wenn wir uns vom Geist Christi anstekken lassen, kann 1981 zum Anfang unseres wahren, ewigen Lebens werden.

Zu seiner Qualität gehört, daß wir *für* etwas zu leben beginnen, nicht einfach nur vor uns hin leben.

Dieses Wofür des Lebens kann ja nicht bloß Geldverdienen für uns und eine allfällige Familie sein. Das muß zwar geschehen, es gibt nichts umsonst. Aber *dafür, nur* dafür leben?

Oder verdienen wir vielleicht, um nachher genießen zu können und es schön zu haben? Wir sollten tatsächlich mehr genießen. Wer nicht genießen kann, wird ungenießbar. Aber *dafür, nur* dafür leben?

Wofür hat denn Jesus gelebt?

»Bleibt bei Jesus Christus! Bleibt bei dem, was seines Geistes ist!« ermahnt Johannes.

Jesus hat für das Leben gelebt.

Das tönt komisch, ist aber so! Er hat dafür gelebt, daß das Leben für *alle* Menschen lebenswert wird, z. B. auch für Randgruppen und Randexistenzen wie damals die Zöllner, die Samariter, die galiläischen Landproletarier, deren Lebensrecht ständig bedroht war. Im gleichen Sinn hat er sich für das Lebensrecht der Frauen, der Kinder eingesetzt, die damals keine Rechte hatten, oft nicht einmal ein Lebensrecht.

Jesus lebt für das Leben aller, weil er das Leben, auch das eigene, mit Leidenschaft geliebt hat.

Und jetzt, im Jahre 1981, ist das Leben, ist alles Lebendige, ist das weitere Leben der Menschen, aber auch der Tiere und Pflanzen bedroht. Vielfache Vernichtungen sind möglich geworden, sind schon im Gang. Der Menschheit droht der ökologische Tod, der atomare Tod, der Overkill oder Übertod eines großen und letzten Krieges.

Jesus aber hat für das Leben gelebt, ist für das Leben

gestorben und fordert uns auf, uns für das Leben zu wehren, für das Leben in jeder Form, für das Leben in der Ferne so gut wie für das Leben in der Nähe, weil heute alles zusammenhängt, weil alles miteinander verknüpft ist. Einem jungen Schweizer, der kürzlich nach Chile gereist ist, ist die Schweiz dort begegnet in Form von schweizerischen Panzerwagen und Maschinengewehren, mit denen Hunderte von Chilenen getötet worden sind, deren Produktion hier im eigenen Lande aber Verdienst und Brot schafft. Nur: was sind das für Arbeitsplätze und Profite, an denen Blut klebt?

Wir sollten uns für das Leben der andern wehren, auch wenn das vielleicht Profit- und Verdiensteinbußen mit sich bringt. Das Leben von Chilenen ist für Gott genau so viel wert wie das Leben von Schweizern. Werden wir das im neuen Jahr besser begreifen und daraus politische, wirtschaftliche Konsequenzen ziehen, auch an den Wahlurnen und mit dem Stimmzettel?

Jesus hat für das Leben gelebt, damit auch wir für das Leben leben, das vielfach bedroht ist. Wir könnten uns z. B. fragen, ob wir 1981 tatsächlich noch mehr Auto fahren, noch mehr Straßen, noch mehr Verbetonierung der Landschaft, noch mehr Abgase und noch mehr Gefährdung unserer Kinder wollen. Es ist doch einfach so: viel zu viele fahren mit einem Auto herum, die eigentlich gar keins brauchen. Ich kenne drei Menschen, die deshalb ihr Auto verkauft haben. NUR drei! Aber doch schon drei: Sie jedenfalls haben etwas getan für das Leben, für Lebensqualität!*

Wir können noch andere Dinge tun im neuen Jahr, z. B. überlegt und umweltfreundlich einkaufen, so einkaufen, daß es

1. gut ist für jene, die etwas herstellen,

2. gut oder wenigstens nicht schädlich ist für die Umwelt, und

3. gut ist für mich selber, für meine innere und äußere Gesundheit.

Jesus hat für das Leben gelebt, ist für das Leben gestorben, damit auch wir zu leben beginnen für ein Leben, das lebenswert wird für *alle* Menschen in der Nähe und in der Ferne.

Darum:

Bleibt bei Jesus Christus! Bleibt bei dem, was seines Geistes ist!

So werden wir das wahre, das ewige Leben finden – schon im Jahre 1981!

(1. Januar 1981)

* *Nach der Predigt hat sich ein jüngerer Mann gemeldet, der, obgleich Vater einer sechsköpfigen Familie, sein Auto ebenfalls verkauft hat. Jetzt kenne ich also schon vier!*

Hoffen heißt: die Gerechtigkeit tun

Und nun,
Kindlein,
bleibt in Ihm,
damit wir,
wenn er sich offenbaren wird,
Zuversicht haben
und uns nicht schämen müssen,
wenn er kommt.
Wenn ihr wißt,
daß Er gerecht ist,
so erkennt ihr auch,
daß jeder, der die Gerechtigkeit tut,
aus Gott gezeugt ist.
1. Johannes 2,28/29

Christlicher Glaube bleibt in Erwartung, er kann sich nicht begnügen mit dem, was ist, auch nicht mit dem, was von Gott bis jetzt bekannt ist. Der Glaube in seiner Unverschämtheit erwartet noch mehr! Und die Bibel stärkt diese Erwartung. So verkündet das Alte Testament: Gott kommt, Gott ist im Kommen. Im Neuen Testament hat dieses Kommen Gottes ein menschliches Antlitz. Jetzt wird es in der Gestalt des gekreuzigten und auferstandenen Jesus erwartet. Von ihm schreibt Johannes:

»... bleibt in Ihm,
damit wir,
wenn er sich offenbaren wird,
Zuversicht haben

und uns nicht schämen müssen,
wenn er kommt.«
Aber wie geht das zu? Wie kann man BLEIBEN in einem
Gott, der KOMMT?

Man kann's, weil der kommende Gott nicht ein total Un-
bekannter ist, sondern ein Gott, der sich bereits kundgetan
hat in den Propheten, in den Aposteln, in Jesus Christus.

Dennoch bleiben viele Fragen offen. Wir sehen Gott,
wie Paulus sagt (1. Kor 13,12), erst in rätselhaften Umris-
sen, wie in einem Spiegel, darum bleibt unser Erkennen
Stückwerk. Wie zum Beispiel hängen unsere Erfahrungen
mit Gott zusammen? Wie soll man sich seit Auschwitz,
Hiroshima und Kambodscha das Handeln Gottes in der
Welt überhaupt vorstellen? Warum kann der neue amerikanische Außenminister jetzt ganz kühl erklären, auch im
Zeitalter der Atomkriege gäbe es wichtigere Dinge als den
Frieden? Ein furchtbares Wort! In einem neuen Text läßt
Friedrich Dürrenmatt in der zerstörten, radioaktiv ver-
strahlten Schweiz nach dem Dritten Weltkrieg eine Frau
ihr letztes Liedlein singen:

>»Daß Gott einst am Kreuz gehangen,
war für den nicht allzu schwer.
Seit die Bombe losgegangen,
sind wir schlimmer dran als er.«

Hier wird die angstvolle *Frage* laut, ob unsere Bosheit und
Blindheit am Ende wirklich mächtiger sein könnte als der
Gott der Liebe, des Gekreuzigten?

Mit dem Verstand können wir diese Frage fast nur pessi-
mistisch beantworten. Unsere Hoffnung muß täglich ge-
gen die pessimistischen Feststellungen und Prognosen des
Verstandes ankämpfen, muß sich deshalb zurufen lassen:
Halte durch, halte aus, der Gott mit dem menschlichen
Antlitz des Gekreuzigten kommt!

Darum beschwört uns auch Johannes: Bleibt in ihm, bleibt in Jesus und in der Gemeinde, die ihm anhängt! Wenn ihr in ihm bleibt, seid ihr schon mitten drin in Gottes Kommen.

Wie das?

Johannes:

> »Wenn ihr wißt,
> daß Er gerecht ist,
> so erkennt ihr auch,
> daß jeder, der die Gerechtigkeit tut,
> aus Gott gezeugt ist«

– und dadurch in das Kommen Gottes mitverwickelt ist!

Gottes Kommen geschieht also im Zeichen der *Gerechtigkeit*.

Gerechtigkeit hat bei Johannes nicht die Gestalt einer abstrakten Theorie, auch nicht die Gestalt von Paragraphen, sie hat die Gestalt Jesu. Darum geht es in ihr immer um Mitmenschlichkeit, geht um die Frage: Wie werden wir einander, wie werden wir den anderen gerecht?

Die gelebte Gerechtigkeit Jesu bestand darin, daß er versuchte, den Menschen gerecht zu werden, sie in ihrer persönlichen Eigenart, in ihrer sozialen Stellung, in ihren tiefsten Bedürfnissen zu erfassen, sie auch gegen andere zu verteidigen. Wer die Gerechtigkeit Gottes tun will, kommt nicht darum herum, sich für Entrechtete einzusetzen – auch auf die Gefahr hin, daß er deswegen beschimpft und benachteiligt wird. Wer Gottes Gerechtigkeit *tun* will, muß Konfrontationen mit Mächtigen riskieren. Jesus ist den Mächtigen dadurch gerecht geworden, daß er die Ungerechtigkeit ihrer Machtausübung aufgedeckt hat, ob es sich nun um religiöse oder politische Macht gehandelt hat – meistens war und ist beides miteinander verflochten. Man denke an die Tempelreinigung, diese zornige Demonstration Jesu gegen religiös-politisch-wirtschaftliche Macht-verfilzung!

Heute würde man seinen Auftritt als Randalierertum mit Gewalttätigkeit gegen Sachen und Menschen bezeichnen. Auch damals hat man es ungefähr so beurteilt. Deshalb spielt die Tempelreinigung in den Prozeß gegen Jesus hinein und dürfte das Todesurteil mitbestimmt haben.

Jesus aber blieb überzeugt, daß niemals gerecht sein kann, wer in erster Linie an die Aufrechterhaltung seiner persönlichen Macht oder der Macht seiner sozialen Gruppe denkt. Das hat immer Unterdrückung, hat die Verdrängung und Benachteiligung anderer zur Folge. Machtgruppen, Machtmenschen können darum nie gerecht sein.

Nach dem biblischen Zeugnis führt Gottes Weg in unsere Welt deshalb nicht »oben durch«, nicht über Regierungen, Chefetagen und Kirchenleitungen. Gott bahnt sich seinen Weg in die Welt von unten, von Sklaven und Emigranten, von Einflußlosen und Mißachteten her.

Unsere Hoffnung sind heute nicht die Mächtigen der Welt, unsere Hoffnung ist DER Gott, der mit all jenen Vielen und Kleinen ist, die sich jetzt für das Lebensrecht *aller* wehren in mancherlei Gruppen und Aktionen. In ihnen lebt Hoffnung auf inmitten von Resignation und Fatalismus. Wir wollten uns fragen, wo wir selber da aktiv mittun wollen:

> »Wenn ihr wißt,
> daß (und wie!) Er gerecht ist,
> so erkennt ihr auch,
> daß jeder, der die Gerechtigkeit tut,
> aus Gott gezeugt ist.«

(18. Januar 1981)

Ihm gleich!

Seht,
welch große Liebe
uns der Vater erwiesen hat,
daß wir Gottes Kinder heißen sollen,
und wir sind es!
Deshalb erkennt die Welt uns nicht,
denn sie hat Ihn nicht erkannt.
Geliebte,
wir sind jetzt Kinder Gottes,
und es ist noch nicht erschienen,
was wir sein werden.
Wir wissen aber,
daß, wenn Er erscheinen wird,
wir Ihm gleich sein werden,
denn wir werden Ihn sehen wie Er ist.
Und jeder, der diese Hoffnung auf Ihn setzt,
heiligt sich,
gleichwie jener auch heilig ist.
1. Joh 3,1–3

»Kinder Gottes«, diesen Ausdruck kennen wir. Vielleicht kommt er uns altväterlich, hausbacken vor. Töchter, Söhne Gottes könnte man aber auch sagen – das tönt dann schon besser, schon mündiger. Für Johannes freilich hat der Ausdruck keinen Beigeschmack, im Gegenteil, von der »Kindschaft« holt er aus zu der atemberaubenden Aussage:

»Wir wissen aber,

daß, wenn Er erscheinen wird,
wir Ihm gleich sein werden,
denn wir werden Ihn sehen wie Er ist.«

Das ist nun das genaue Gegenteil von Hausbackenheit! Daß wir IHM – Gott, wenn er kommt! – gleich sein werden, haben wir wahrscheinlich weder in der Sonntagsschule noch später gehört. Eher kennen wir das fatale Versprechen Satans in der Paradies- und Sündenfallgeschichte. Wenn ihr die Frucht vom verbotenen Baume eßt, so sagt Satan zu Adam und Eva, »werdet ihr wie Gott sein«!

Redet Johannes im Neuen Testament wie Satan im Alten Testament? Dem Wortlaut nach könnte man's fast meinen.

Doch Satan will aus den Menschen Konkurrenten Gottes machen, will den Menschen an die Stelle Gottes setzen. Er redet fast wie später der Philosoph Feuerbach und seine Nachfolger: Tut eure Augen auf, und ihr werdet sehen, daß ihr selber Gott seid, Gott mindestens über eure Welt! Und ungefähr so, wie Satan und der bürgerliche Philosoph des 19. Jahrhunderts es wahr haben wollten, so ist's ja auch gelaufen, läuft's noch immer: wir Menschen führen uns auf, als wären wir selber Gott! Dementsprechend springen wir mit der Natur, mit unserer Welt, mit der Zukunft unserer Kinder um, wie Götter und Herren über Leben und Tod.

Johannes aber geht von einer anderen Vorstellung aus. Für ihn ist Gott nicht Konkurrent des Menschen und der Mensch nicht Konkurrent Gottes. Konkurrenz heißt Wettbewerb, heißt Kampf um die Macht. Für Johannes ist Gott nicht Macht, sondern Liebe. Er klammert sich an keine Machtpositionen, ist kein himmlischer Diktator, der mit niemandem teilen will, dem niemand zu nahe kommen darf. Gott, sagt Johannes, ist Liebe. Liebe aber will teilen, sucht Nähe, sucht Gemeinschaft. *Deshalb* ernennt uns

71

dieser Gott zu seinen Kindern, weil er mit uns zusammen sein, mit uns teilen will.

»Seht,
welch große Liebe
uns der Vater erwiesen hat,
daß wir Gottes Kinder heißen sollen,
und wir sind es!«

Die Welt allerdings wird noch immer bestimmt durch das Macht- und Konkurrenzdenken Satans, nicht durch DEN Gott, der Liebe ist:

»Deshalb erkennt die Welt uns
– die wir an den Gott der Liebe glauben –
denn sie hat *Ihn* nicht erkannt.«

Christen leben und handeln deshalb oft gegenläufig zum Lauf der Welt, weil sie glauben, daß Gott selber dem Lauf unserer Welt entgegenwirkt, sofern dieser Lauf dem Gefälle der Macht und des Kampfes um die Macht folgt. *Diesem* Lauf der Welt, der ein Verhängnis-Lauf geworden ist, setzen Christen die Hoffnung entgegen, daß Gott *nicht* identisch ist mit dem, was die Mächtigen der Welt tun. Gott ist das ganz andere, weil er Liebe ist. Und die, die auf ihn setzen, die eben ernennt er zu seinen Töchtern und Söhnen, mit denen er durch dick und dünn zusammenhalten will.

Das ist auch die Kraft der Ökumene, die wir heute feiern dürfen mit unseren Gästen*. Die Ökumene ist schwach vor der Welt, die hat keine Macht außer ihrem Glauben an DEN Gott, der Liebe ist und der zu seinen Kindern hält, ob in Georgien, ob hier in der Schweiz.

---

* Der Patriarch von Georgien, Katholikos Ilya II, der gleichzeitig einer der sechs Präsidenten des Ökumenischen Rates der Kirchen ist, besuchte mit zweien seiner Mitarbeiter diesen Gottesdienst, nachdem er an der Tagung des Ökumenischen Rates in Genf teilgenommen hatte.

»Wir wissen aber,
daß, wenn Er erscheinen wird,
wir Ihm gleich sein werden,
denn wir werden Ihn sehen wie Er ist.«

Was für Verheißungen: wir werden *Ihm gleich* sein; wir
werden ihn sehen, wie er ist! Fast ist's zum Lachen, wenn
wir an uns selber denken, wenn wir einander ansehen in
unserer Begrenztheit, in unserer Hinfälligkeit. Vielleicht
aber lacht Gott tatsächlich, vielleicht ist das seine Verrücktheit, seine Freude, auch sein Fest, daß er uns komi-
sche Wichte und Wichtinnen, daß er uns in unserer Schuld,
in unserer Sterblichkeit IHM gleich machen will. Daraufhin ernennt er uns zu seinen Kindern, mit denen er seine
Göttlichkeit teilen will. Da öffnen sich Perspektiven, die
uns den Atem verschlagen, weil sie so wenig ins Schema
unserer anerzogenen Religiosität passen.

Im Alten Testament herrscht die Überzeugung vor, daß
der Mensch Gott nicht sehen kann, weil dieser Anblick ihn
auf der Stelle vernichten würde. Der Mensch sei zu
schwach, zu schuldig auch, um Gottes »Unmittelbarkeit«
aushalten zu können.

Darum eben schreibt Johannes, daß wir zuerst »Ihm
gleich« werden müssen, bevor wir ihn schauen und seinem
Anblick standhalten können.

Innerhalb der Ökumene sind es ganz besonders die orthodoxen Kirchen, die schon immer dieser Verwandlung
des Menschen zu Gott hin nachgedacht haben, die speziell
auch den Glauben als inneres Schauen verstehen und deswegen die schauende Meditation pflegen, wofür die Bil-
derwände (Ikonostasen) in den orthodoxen Kirchen das
äußere Zeichen sind. Kein Wunder, daß man sich in der
Orthodoxie viele und tiefe Gedanken über die Schau Gottes gemacht hat. Damit hat der orthodoxe Glaube sich in

eine Dimension hinein entfaltet, in der wir Protestanten Stümper geblieben sind.

Lieber denken wir, zumal im reformierten Bereich, an Praktisches, an Praktikables. Die johanneische Aussage, daß Gott mit uns teilen, uns ihm gleich stellen will, müßte für uns sozial bedeutsam werden. Der teilende Gott lebt uns Mitbestimmung und Partizipation, lebt Brüderlichkeit, Schwesterlichkeit vor. In diese Richtung denken aber nicht nur westliche Christen in der Ökumene. Die orthodoxen Christen tun dies ebenso von ihrer meditativen Haltung der inneren und endzeitlichen Gottesschau her. Als Christen in Ost und West leben und wirken wir, miteinander verbunden durch die überwältigende Verheißung:

>»Wir wissen aber,
>daß, wenn Er erscheinen wird,
>wir Ihm gleich sein werden,
>denn wir werden Ihn sehen wie Er ist«!

(15. Februar 1981)

Das Gesetz des Lebens

Jeder, der die Sünde tut,
übertritt auch Gottes Gesetz,
und die Sünde ist die Übertretung des Gesetzes.
Und ihr wißt,
daß Jesus dazu erschienen ist,
um die Sünde zu beseitigen.
Und Sünde ist nicht in Ihm.
Jeder, der in Ihm bleibt,
der sündigt nicht.
Jeder, der sündigt,
hat Ihn nicht gesehen,
noch hat er Ihn erkannt.
1. Johannes 3,4–6

»Sünde«: ein eher abstrakter Begriff der theologischen Sprache! Paulus verwendet ihn in seinen gedankenschweren Briefen. Und hier also auch Johannes.

Nun hat die Entwicklung des christlichen Denkens und Redens während vieler Jahrhunderte gezeigt, daß ein Allgemeinbegriff wie eben derjenige der »Sünde« ein Einwickelpapier ist, in das man zu verschiedenen Zeiten verschiedene Dinge eingepackt hat. Deshalb ist »Sünde« zu einem der mißbrauchtesten Wörter geworden, so sehr, daß ich es kaum noch verwende.

Aber jetzt steht es hier, in diesem Text, und fordert dazu heraus, es zu bedenken. Das heißt zunächst, daß ich Euch Rechenschaft darüber geben muß, weshalb ich diesem Wort gegenüber zurückhaltend war und weiterhin sein werde.

Das Wort »Sünde«, weil es so allgemein, so wenig konkret ist, eignet sich leider gut zum Einschüchterungswort, zum Ängstigungswort. Als solches haben es die kirchlichen, die weltlichen Mächte denn auch eifrig mißbraucht, um Gesinnungen und Handlungen zu disqualifizieren, die ihnen nicht paßten.

Am bekanntesten dürfte der willkürliche Mißbrauch dieses Wortes im Bereich der Sexualmoral gewesen sein. Auf diesem Gebiet ist von den Kirchen im Lauf der Zeit ungefähr alles, aber auch alles mit dem Bannwort »Sünde« belegt worden. Jahrhundertelang sind die Menschen dadurch eingeschüchtert und terrorisiert worden, mit dem Erfolg, daß in diesen Fragen die Glaubwürdigkeit der Kirchen fast auf den Nullpunkt abgesunken ist. Wenn der Papst in alter Manier noch jüngst erklärte, es sei bereits Sünde, wenn ein Ehemann seine Ehefrau begehrlich anblicke, dann erntet er weltweit und auch in der eigenen Kirche nur noch Gelächter.

Verglichen mit dem eifernden Feldzug gegen sexuelle Sünden ist der kirchliche Kampf z. B. gegen die Sünde der Habsucht oder gegen die Sünde des Tötens und der Kriegsführung zaghaft geblieben, hat meist überhaupt nicht stattgefunden.

Im Moment, wo das Christentum Staatsreligion geworden ist, hörten Kriegsdienst und Töten auf, Sünde zu sein. Plötzlich war es jetzt Sünde, den Kriegsdienst, das Töten zu verweigern. Damit ist die Lehre Jesu genau in ihr Gegenteil verkehrt worden.

Ein anderes Beispiel: Als sich nach dem Mittelalter das heutige Wirtschaftssystem erfolgreich durchsetzte, hörte die Habsucht auf, als Hauptsünde zu gelten, als Wurzel aller Sünden, wie noch im Neuen Testament (1.Timotheus 6,10). Plötzlich war es jetzt gut und richtig, nach immer mehr Gewinn, nach immer mehr Geld zu streben und sein Leben dafür einzusetzen. Typisch dafür der Bedeutungswandel des Wortes »Aufstieg«: bis an die Schwelle der neuen Zeit bedeutete »Aufstieg« den Aufstieg zu Gott. Heute bedeutet »Aufstieg« Karriere, Erfolg, mehr Gewinn, mehr Macht. Niemandem, auch der Kirche nicht, fällt es noch ein, solchen Aufstieg, solches Gewinnstreben als Habsucht, als Sünde anzuprangern. Und niemand fragt, ob unser Erfolgsdenken denn noch im Sinne Jesu oder vielleicht das Gegenteil dessen ist, was er gelehrt hat.

Wie gesagt: das Wort »Sünde« ist eines der mißbrauchtesten und mißverständlichsten Wörter. Ich mißtraue jedem, der es leichthin auf die Lippen nimmt. Wir müssen uns dieses Wort und seinen Gebrauch sehr genau überlegen! Jetzt also anhand unseres Textes:

»Jeder, der die Sünde tut,
übertritt auch Gottes Gesetz,
und die Sünde ist die Übertretung des Gesetzes.«
Was hier auffällt ist, daß das Wort »Sünde« in der Einzahl steht: »*Die*« Sünde.

Es ist somit nicht an eine Vielzahl von Sünden gedacht, sondern an DIE eine, von uns offenbar immer neu wiederholte Grundsünde. Worin besteht sie? Johannes schreibt: In der Übertretung des göttlichen Gesetzes.

Wiederum Einzahl: DES göttlichen Gesetzes! Es ist auch hier nicht an eine Vielzahl von Gesetzen und Geboten gedacht. Welches ist denn DAS göttliche Gesetz?

Wenn ich Johannes recht verstehe, meint er DAS Gesetz, nach dem Gott selber Gott sein will, nach dem er in freier Selbstbestimmung leben, sich entfalten, sich verwirklichen will.

Um was geht es hierbei? Um das, was Johannes im

nächsten Kapitel in den lapidaren Satz faßt: »Gott ist
Liebe.«

Im Zusammenhang unseres Textes bedeutet dies: Liebe
ist das EINE Gesetz, das Gott selber ist. Und demnach ist
Sünde jedes Denken, jedes Handeln, das gegen die Liebe
verstößt.

> »Und ihr wißt,
> daß Jesus dazu erschienen ist,
> um die Sünde zu beseitigen«
> (eben: die Sünde der *Lieblosigkeit*!).
> »Und Sünde ist nicht in Ihm.«

Man stellt sich zuweilen vor, Jesus sei seiner Lebtag so etwas wie ein Musterknabe gewesen: Nie ein böses Wort!
Nie Krach mit den Eltern, den Geschwistern, den Nach-
barskindern! Nie etwas mit Mädchen natürlich!

Das ist eine absolut spießbürgerliche, unrealistische
Vorstellung. Er war wohl wie andere Knaben, Jünglinge,
junge Männer. Deshalb wollte man in seiner Heimatstadt
ja dann nicht glauben, daß er wirklich ein Prophet, wirklich der Wortführer Gottes geworden sei.

Unsere fade Vorstellung von Jesus paßt mit seinem Re-
bellentum, mit seinem Rebellentod schlecht zusammen.
Sie entspringt einem mißbrauchten Sündenbegriff. Um
den aber geht es gerade nicht, wenn hier steht:

»Und Sünde ist nicht in Ihm.«

Um diesen mickrigen Sündenbegriff geht es ebenfalls
nicht in der Aussage:

> »Jeder, der in Ihm bleibt,
> der sündigt nicht.
> Jeder, der sündigt,
> hat Ihn nicht gesehen,
> noch hat er Ihn erkannt.«

Immer ist die Rede hier von dem EINEN Gesetz der Liebe und von DER Sünde, die dieses EINE Gesetz übertritt.

Ich konnte zunächst nicht recht begreifen, daß Liebe ein Gesetz sein soll.

Vielleicht stand mir dabei eine nur juristisch-politische Auffassung von Gesetz im Wege. Es gibt aber auch Naturgesetze, Gesetze also, nach denen sich das Leben aus sich selber entwickelt. Liebe hat wohl eher etwas mit dieser Art von Gesetz zu tun.

Wer Naturgesetze übertritt, kommt nicht vor Gericht, aber er schadet und zerstört sich selbst.

Und nun glaube ich, ähnlich verhält es sich mit der Liebe. Sie ist freilich kein Naturgesetz. Sie ist das Gesetz, das menschliche Gemeinschaft ermöglicht, dessen dauernde Übertretung das Zusammenleben aber zerstört.

So will es der Gott, der Liebe ist. So hat er es gesetzt, als Gesetz unseres Lebens und Weiterlebens. Weil wir uns ganz andere Gesetze gegeben haben, steht die Menschheit jetzt ihrer Selbstvernichtung nahe. Während dieser einen Stunde, wo wir hier beisammen sind, werden in der Welt einerseits 80 Millionen Franken für Rüstung ausgegeben, andererseits verhungern in derselben Stunde 2000 Kinder. Eine unerträgliche Vorstellung! Ein unerträglicher Zustand.

DAS eben ist Sünde, ist DIE Übertretung jenes Gesetzes, das Gott der Menschheit zu ihrem Leben und Gedeihen gegeben und Jesus nach allen Richtungen hin formuliert hat, vom Gebot »Liebe deinen Nächsten wie dich selbst« bis hin zum Gebot: »Liebet eure Feinde, tut wohl denen, die euch hassen!« (Matthäus 5,44)

Anders geht es nicht, anders wird es nicht weitergehen. Das ist das Gute unserer zugespitzten Situation, daß wir einsehen müssen: Liebe ist nicht Spinnerei, nicht schwär-

merischer Idealismus, sie ist, wenn wir weiterleben WOL-
LEN, das einzige Gesetz, nach dem wir weiterleben KÖN-
NEN.

(29. März 1981)

Das subversive Werk

Kindlein,
niemand soll euch irreführen!
Wer die Gerechtigkeit tut,
der ist gerecht,
gleich wie Jesus gerecht ist.
Wer die Sünde tut,
der ist aus dem Teufel,
denn der Teufel sündigt von Anfang an.
Der Sohn Gottes aber ist dazu erschienen,
um die Werke des Teufels aufzulösen.
Jeder, der aus Gott gezeugt ist,
tut keine Sünde,
weil dessen Lebenskeim in ihm bleibt,
und er kann nicht sündigen,
weil er aus Gott gezeugt ist.
Daran sind die Kinder Gottes und die Kinder
   des Teufels zu erkennen:
jeder, der die Gerechtigkeit nicht tut,
ist nicht aus Gott,
und ebenso jeder, der seinen Bruder nicht liebt.
1. Johannes 3,7–10

Heute fällt der Schatten des Karfreitags auf diesen Text,
der von der Gerechtigkeit handelt.

Tut die Gerechtigkeit, »gleich wie Jesus gerecht ist«!

Der heutige Tag erinnert daran, daß dieser Gerechte gekreuzigt worden ist. Und daß er immer von neuem wieder
gekreuzigt wird, z. B. in jenen Nonnen, Priestern, Land-

arbeitern, die in El Salvador, aber auch in Guatemala, ermordet werden, weil sie Gerechtigkeit wollen für die entrechtete Mehrheit der Menschen dort. In El Salvador wie
anderswo findet unser Text immer wieder seine Karfreitags-Ergänzung:

>Wer die Gerechtigkeit tut,
der ist gerecht,
gleichwie Jesus gerecht ist
und« ... so muß die Karfreitags-Ergänzung lauten: »... der wird ermordet,
gleichwie Jesus ermordet worden ist.«

Ich frage mich, wie Jesus selber möchte, daß wir den Tag
seiner Kreuzigung begehen. Ich glaube, er würde *nicht*
wollen, daß wir nur seiner Ermordung gedenken. Ich glaube, er möchte, daß wir all jener mitgedenken, die *heute* um
der Gerechtigkeit willen leiden und deswegen sterben
müssen.

Wie heißen sie denn, all diese Kämpfer, Märtyrer der
Gerechtigkeit?

Wir kennen ihre Namen nicht, wohl auch deshalb nicht,
weil wir nicht nach ihnen fragen, uns wenig für sie interessieren.

Das eben ist die Haltung von Privilegierten, von Nutz-
nießern; das ist die Schuld des Pilatus, der von nichts wissen möchte und seine Hände in einer Unschuld wäscht, die
es nicht geben kann.

Das Tun der Gerechtigkeit aber beginnt damit, daß man
sich zu interessieren anfängt für diejenigen, denen Unrecht
geschieht, daß wir also wach werden für das Unrecht, das
Jesus angetan wird in heutigen Menschen.

>Daran sind die Kinder Gottes
und die Kinder des Teufels zu erkennen:
jeder, der die Gerechtigkeit *nicht* tut,

ist *nicht* aus Gott,
und ebenso jeder, der seinen Bruder nicht liebt.«
Johannes geht nicht so weit, Gerechtigkeit und Liebe in eins zu setzen, obwohl er natürlich weiß, daß nur Liebe dem Mitmenschen zutiefst gerecht werden kann. Dennoch wäre es falsch, Gerechtigkeit und Liebe voreilig in eins zu setzen. Es ist, als hätte Johannes vorausgespürt, daß eines Tages z. B. europäische Christen Forderungen nach Gerechtigkeit sofort abwiegeln mit der scheinheiligen Antwort: Aber seid doch lieb! Die Liebe über alles! Ihr dürft mit eurer Gerechtigkeit doch nicht so heftig, so aufrührerisch daherkommen!

So haben wir Europäer jahrhundertelang geredet, zu unseren eigenen Benachteiligten ebenso wie zu denen in den Kolonien. Und auch das gehört zum Karfreitag Jesu! Auch ihm wurde gesagt, sei doch lieb mit uns! Als er aber zornig und unerbittlich blieb, hat man ihn umgebracht.

Man muß sich in acht nehmen vor denen, die allzuleicht ihr »Seid doch lieb miteinander!« daherreden. Es geht ja nicht um Umgangsformen! Es geht um die Gerechtigkeit. Johannes tat also gut daran, zuerst einmal vom Tun der Gerechtigkeit und erst danach von der brüderlichen, schwesterlichen Liebe zu schreiben.

Allerdings: Das Tun der Gerechtigkeit und die Liebe, das Leiden um der Gerechtigkeit willen und die Liebe gehören zusammen, wie andererseits für Johannes Ungerechtigkeit und Lieblosigkeit, Sünde und Teufel zusammengehören.

»Der Sohn Gottes aber ist dazu erschienen,
um die Werke des Teufels aufzulösen.«
Plötzlich bricht hier Osterlicht durch, in diesem Satz, von dem mir vor Jahrzehnten ein seltsam frommer Landschuhmacher gesagt hat, er verstehe von der Bibel eigent-

lich nur diesen einen, diesen einzigen Satz, der aber sei genug, in diesem Satz sei das ganze Evangelium:

»Der Sohn Gottes aber ist dazu erschienen,
um die Werke des Teufels aufzulösen.«

Was immer man vom Teufel denken mag, gemeint ist mit ihm, was gegen Gott ist, was das Gegenteil von Gerechtigkeit, von Liebe will. In diesem Sinne sagt ja noch mancher, der nicht an einen personalen Teufel glauben kann: »Das ist vom Teufel!«

Es wird hier nicht versprochen, der Sohn Gottes werde die Werke des Teufels mit einem Schlag wegzaubern und sie verschwinden lassen. Er ist dazu erschienen, um diese Werke *aufzulösen*: eine lange Arbeit, eine allmähliche Subversion sozusagen. Die Kreuzigung am Karfreitag ist ein wichtiger Schritt im Prozeß dieser Auflösung. Jesus hat um den Preis seines Lebens dem teuflischen Gesetz widerstanden, das da lautet: »Wie du mir, so ich dir«. Ein Gesetz, das wirklich vom Teufel ist, wie sich heute zeigt, wo dieses Gesetz uns an den Rand der menschheitlichen Selbstvernichtung heranführt. Darum ist die Aufrüstung im Weltraum, der auch die Weltraumfähre »Columbia« letztlich dient, im Grunde vom Teufel, weil es hierbei ebenfalls nach dem Prinzip »Wie du mir, so ich dir« geht.

Nicht »Wie du mir, so ich dir«, sondern Vergebung! Nicht noch mehr Gewalt als Antwort auf Gewalt, sondern Gewaltabbau, Gewaltverzicht aus Liebe zum Feind, in der Fürbitte für ihn, wie der Gekreuzigte für seine Feinde und Henker betet: »Vater, vergib ihnen, denn sie wissen nicht, was sie tun.«

Das war der Anfang der Auflösung der Werke des Teufels. Und das geht weiter mit Ostern, mit Pfingsten, mit der nicht mehr abreißenden Reihe all jener Menschen, die, von Jesus ergriffen und inspiriert, ihrerseits mitwirken am

Werk der Auflösung der Werke des Teufels. Und das beginnt bei jedem von uns selber. Darum schreibt Johannes kühn, entschieden:

>Jeder, der aus Gott gezeugt ist,
tut keine Sünde,
weil dessen Lebenskeim in ihm bleibt,
und er kann nicht sündigen,
weil er aus Gott gezeugt ist.«

Das tönt übertrieben, weil wir doch alle Sünder sind. Aber ich habe das letzte Mal zu zeigen versucht, daß Johannes mit »Sünde« nicht einfach unsere menschlichen Schwächen, Nachlässigkeiten, Fehler meint, die oft ja noch das liebenswerteste an uns sind. Für Johannes ist »Sünde« die Mitwirkung am lebensfeindlichen, schöpfungsfeindlichen Werk des Teufels, ist also Gewalt und Mitwirkung an Gewalt, ist Ungerechtigkeit gegen andere, ist die Zerstörung von Liebe, von Freude, von offener Menschlichkeit.

Wer von Jesus inspiriert und dadurch aus Gott gezeugt ist, *kann* nicht mehr sündigen, weil er so, in diesem zerstörerischen Sinn, auch gar nicht sündigen *will*.

Und insofern nimmt er, mit all seinen Schwächen, Fehlern, Unzulänglichkeiten herzhaft und fröhlich teil am subversiven Werk, das mit Karfreitag, mit Ostern und mit Pfingsten begonnen hat und unter der kräftigen, ja elektrisierenden Devise steht:

>Der Sohn Gottes aber ist dazu erschienen,
um die Werke des Teufels aufzulösen.«

(Karfreitag, 17. April 1981)

Die Alternative

Denn dies ist die Botschaft,
die ihr von Anfang an gehört habt,
daß wir einander lieben sollen.
Nicht wie Kain,
der aus dem Bösen war
und seinen Bruder erschlug.
Und warum erschlug er ihn?
Weil seine Werke böse waren,
die seines Bruders aber gerecht.
Wundert euch nicht, Brüder,
wenn die Welt euch haßt.
Wir wissen,
daß wir aus dem Tode in das Leben
hinübergegangen sind,
denn wir lieben die Brüder.
Wer nicht liebt, der bleibt im Tode.
Jeder, der seinen Bruder haßt,
ist ein Menschenmörder;
und ihr wißt,
daß kein Menschenmörder
ewiges Leben bleibend in sich hat.
1. Johannes 3,11–15

»Denn dies ist die Botschaft,
die ihr von Anfang an gehört habt,
daß wir einander lieben sollen.«

Etwas vom Besten, was es zu diesem Thema zu lesen gibt,
ist ein Büchlein von Ernesto Cardenal, dem nicaragu-

anischen Priester und Dichter, heute Kulturminister seines befreiten Landes. »Das Buch von der Liebe« heißt seine Publikation, die auch in deutscher Sprache erhältlich ist, und wo es z. B. heißt:

»In der ganzen Natur finden wir die Initialen Gottes, und alle erschaffenen Wesen sind Liebesbriefe Gottes an uns. Die ganze Natur steht in Flammen der Liebe, geschaffen durch die Liebe, um die Liebe in uns zu entzünden. Und es gibt keinen anderen Grund für die Existenz aller Wesen, sie haben keinen anderen Sinn ... als den: in uns die Liebe Gottes zu entzünden.«

Ja, das ist die Botschaft Gottes von Anfang der Schöpfung an:

»... daß wir einander lieben sollen.«

Alle erschaffenen Wesen seien Liebesbriefe Gottes an uns, sagt Cardenal. Doch wenn wir z. B. an die Tiere denken, zeigt sich, daß wir die göttlichen Liebesbriefe seit langem zerreißen, vernichten. Wir jagen zwar Weltraumfähren ins All, um Waffen dorthin transportieren zu können, aber wir können nicht eine einzige der vielen Schmetterlingsarten, die durch die chemischen Gifte bereits ausgerottet sind, wieder zum Leben erwecken. Immer mehr Tierarten sterben vollständig aus: lauter zerrissene, vernichtete Liebesbriefe Gottes an uns! Auf erschreckende Weise gleichen wir Kain, dessen Werke böse waren, wie Johannes hier sagt. Wir bauen Atomkraftwerke ohne zu wissen, wohin mit dem radioaktiven Abfall. Zum Teil wird er, in Zementblöcke eingegossen, ins Meer versenkt, das sei risikolos, heißt es. Schon aber hat man festgestellt, daß 36 % dieser Tonnen beim Absinken langsam auseinanderbrechen durch den zunehmenden Wasserdruck. Auf dem Grunde des Ozeans bröckeln sie weiter auseinander und geben vermutlich ihren radioaktiven Inhalt frei – mit welchen langfristigen Folgen zuerst für die Fische, dann für die Menschen, kann man sich ausmalen (Spiegel 22. 9. 1980). Dies aber ist die Botschaft,

> »die ihr von Anfang an gehört habt,
> daß wir einander lieben sollen.
> Nicht wie Kain,
> der aus dem Bösen war
> und seinen Bruder erschlug.«

O nein, niemand von uns erschlägt Mitmenschen, niemand von uns gedenkt das zu tun. Und doch rotten wir langsam die Tiere aus, diese Liebesbriefe Gottes an uns! Und doch setzen wir die eigenen Nachkommen tödlichen Gefahren aus! Und doch erschlagen wir die Schöpfung und ihre Geschöpfe nach und nach! Nicht direkt natürlich, immer sehr indirekt. Wir leben einfach so, *wie* wir leben, und das hat dann solche Folgen.

Daß wir einander lieben und nicht wie Kain umbringen sollen, hat darum etwas zu tun mit unseren Lebensgewohnheiten.

Aus Liebe zur Kreatur, zum Menschen sollten wir z. B. nicht länger das überschöne, aber chemisch gespritzte Obst und Gemüse kaufen, das so verführerisch in die Augen sticht. Als Konsumenten müßten wir Produzenten mit unserer Nachfrage mehr und mehr dazu zwingen, biologisches Obst und Gemüse anzubieten – das ist für die Tiere, ist für die Menschen besser.

Um der Liebe willen müßten wir z. B. auch jede Stromverschwendung vermeiden. Wer heute auf Elektroheizung umstellt, wird mitschuldig am Bau weiterer Atomkraftwerke. Auch das hat etwas mit Liebe und Nicht-Liebe zu tun, denn die radioaktive Strahlung ist wie ein Feuer, das wir künstlich entfachen, das aber niemals mehr gelöscht werden kann. Ist das ein Werk der Liebe – oder nur schon der Sorgfalt im Hinblick auf unsere Nachkommen? Oder ist es ein Werk Kains, dessen »Werke böse waren«?

Wer so fragt, wird sich freilich den Satz merken müssen, der plötzlich mitten in unserem Johannes-Text auftaucht:

>»Wundert euch nicht, Brüder,
>wenn die Welt euch haßt.«

Damit müssen alle rechnen, die sich anders verhalten als die Mehrheit. Wer jedoch gemerkt hat, worum es geht, nimmt Befeindung in Kauf.

Um was geht es?

Es geht um die Liebe. Doch Liebe nicht als hübsches Accessoire zum Leben, nicht als Verzierung der Wirklichkeit. In der Liebe, schreibt Johannes, geht es um eine Frage von Leben und Tod. Um ihretwillen ist Jesus gekreuzigt, um ihretwillen ist er aus dem Tod auferweckt worden. Und heute zeigt sich, daß wir alle am bösen Wesen Kains zugrundegehen müssen, wenn wir uns nicht auf eine Lebensweise umstellen, die sich bewußt der Liebe zu den Menschen, zu den Tieren, zur Schöpfung insgesamt verschreibt.

Liebe ist Leben; Lieblosigkeit ist Tod. »Dies ist die Botschaft, die ihr von Anfang an gehört habt« – und die wir jetzt neu hören müssen, wenn es nicht zum Ende kommen soll mit uns.

Liebe ist Leben; sie allein – diese Erfahrung macht jeder von uns bereits in seinem persönlichen Leben, diese Erfahrung hat auch Johannes gemacht:

>»Wir wissen,
>daß wir aus dem Tode in das Leben
>hinübergegangen sind,
>denn wir lieben die Brüder.
>Wer nicht liebt, der bleibt im Tode.«

Es gibt einen Tod, der schlimmer, viel schlimmer ist als

der körperliche, biologische Tod: das ist der Tod zu Lebzeiten, der Tod in Gleichgültigkeit und egozentrischer Iso-
lation. »Wer nicht liebt, der bleibt im Tode.« Dieser Tod in
uns drinnen erzeugt Verachtung und Haß gegen andere.
Dazu Johannes:

> »Jeder, der seinen Bruder haßt,
> ist ein Menschenmörder;
> und ihr wißt,
> daß kein Menschenmörder
> ewiges Leben bleibend in sich hat.«

Eben: Haß, Verachtung, Gleichgültigkeit sind Symptome
des inneren Gestorbenseins, des Todes zu Lebzeiten, in
den auch andere, auch die Umwelt hineinbezogen werden.

Erst wenn wir uns andern zuwenden, liebevoll, interes-
siert, beginnen wir wirklich zu leben. Und erst wenn wir
als Antwort die Zuwendung anderer erfahren, blühen wir
lebendig auf. Liebe entfaltet, Nicht-Liebe verschließt. Liebe läßt uns innerlich wachsen, Nicht-Liebe verdorren.

Im persönlichen und mitmenschlichen Bereich wissen
wir durchaus, daß Liebe Leben ist und Nicht-Liebe Tod.
Wir erfahren's ja täglich: Der Fehler ist, daß wir diese Einsicht nur auf das persönliche Leben beziehen. Die Be-
schränkung der Liebe auf den privaten und individuellen
Bereich, ihre Ausklammerung aus politischen und kollektiven Zusammenhängen, ist die verhängnisvolle Häresie,
der folgenschwere Irrtum der Christenheit, ein Verrat an
der Botschaft Jesu. Darum kommt's stets wieder ungut
heraus, obschon es jeder von uns doch so gut meint. Liebe
muß eben auch politisch werden und eingreifen in die kollektiven Machenschaften von Haß und Tod. Das beginnt
zunächst so, daß wir anfangen, uns selber und einander zu
fragen:

– Ist das, was wir wirtschaftlich, politisch tun und vertreten, von Liebe bestimmt, oder ist es einfach eine Anpassung an unsere eigenen Vorteile, an eigennützigen Interessen?

– Ist es christlich, ist es Liebe, wenn unsere Kirchen in Europa eine Organisation der Satten, in der Dritten Welt aber eine Volksreligion der Unglücklichen sind?

– Ist es christlich, ist es Liebe, wenn in dieser einen Stunde weltweit 80 Millionen Franken für die Rüstung ausgegeben werden, gleichzeitig aber 2000 Kinder verhungern?

– Ist es christlich, ist es Liebe, diese Aufrüstung immerzu mit unserer Angst vor den Russen zu rechtfertigen und uns nie zu fragen, ob nicht vielleicht auch die Russen Angst haben, Angst vor uns, Angst vor der überlegenen Rüstung eines Westens, der seit Napoleon immer der Angreifer war, Angst davor, eingekreist zu werden?

Und so weiter. Fragen wären zu stellen, die gängige Urteile, Vorurteile aufbrechen. Fragen, die Breschen schlagen in Mauern des Hasses, des Todes. Fragen aus Liebe, Fragen für das Leben!

Weil es in der Liebe tatsächlich um Leben und Tod geht, müssen wir über den nur privaten Kreis liebend hinausdenken, liebend hinausfragen lernen.

> »Denn dies ist die Botschaft,
> die ihr von Anfang an gehört habt,
> daß wir einander lieben sollen.«

(3. Mai 1981)

Liebe heißt Solidarität

Daran haben wir die Liebe erkannt,
daß Jener für uns sein Leben hingegeben hat.
Auch wir sind verpflichtet,
für die Brüder das Leben einzusetzen.
Wer aber seinen materiellen Lebensunterhalt hat
und schaut zu, wie sein Bruder Not leidet
und verschließt sein Herz vor ihm,
wie kann die Liebe Gottes in ihm bleiben?
Kindlein,
so laßt uns denn nicht bloß
mit dem Wort und mit der Zunge lieben,
sondern mit der Tat und in der Wahrheit.
1. Johannes 3,16–18

Nicht Worte zählen, sondern Taten:
»So laß uns denn nicht bloß
mit dem Wort und mit der Zunge lieben,
sondern mit der Tat und in der Wahrheit.«
Dennoch kommen wir um Worte nicht herum, Taten ohne
denkende, bedenkende Worte zuvor können blind, sogar
verhängnisvoll sein. Deshalb schreibt Johannes Worte.
Und auch diese Predigt macht Worte. Je nachdem nämlich,
wie wir denken und reden, werden danach unsere Handlungen sein.

Man kommt z. B. jetzt nicht um die Feststellung herum,
daß der erste Vers unseres Textes leider oft mißdeutet, ja
mißbraucht worden ist. Noch in jedem Krieg dieses Jahrhunderts hat er dazu herhalten müssen, um Soldaten für

den Kriegseinsatz zu motivieren und ist deshalb zum Predigttext vieler Kriegs- und Feldpredigten geworden. Was steht denn da?

> »Daran haben wir die Liebe erkannt,
> daß Jener (= Jesus) für uns sein Leben hingegeben hat.
> Auch wir sind verpflichtet,
> für die Brüder das Leben einzusetzen.«

Kriegspredigten haben diese Pflicht zum »Einsetzen des Lebens für die Brüder« sofort umgedeutet in die soldatische Pflicht zum Gehorsam und zum Töten. Davon ist hier überhaupt nicht die Rede. Jesus hat alle Gewaltanwendung, er hat erst recht das Töten entschieden abgelehnt. Er rief gerade nicht zum mörderischen Kampf *gegen* Feinde auf, er forderte die Liebe zum Feind, weil auch dieser unser Bruder, unsere Schwester sei. *Dafür* hat Jesus sein Leben eingesetzt und hingegeben.

Wer auf einen Menschen schießt, schießt immer auch auf Gott, der diesen Menschen geschaffen hat und in Jesus selber ein Mensch geworden ist. Wir sollen deshalb unser Leben einsetzen *für* und nicht *gegen* das Leben von Mitmenschen! So ist's hier gemeint und überhaupt nicht im Sinn jener kriegerischen Predigten, die zum Töten aufforderten mit der Begründung, es gelte, das Leben der Familie, der Mitbürger zu schützen. Mag diese Begründung früher noch eine gewisse Berechtigung gehabt haben, für heutige Kriegsformen gilt sie kaum noch, jetzt trifft ein Krieg die Zivilbevölkerung am allerschlimmsten, ein Soldat hat bessere Chancen zu überleben als alle, die er schützen will. Im Vietnamkrieg sind auf 1 Soldaten bereits 10 Zivilisten gefallen. Inzwischen sind die Waffen noch verheerender geworden und führen die Vorstellung, im Kriegsfalle könne eine Armee die Zivilbevölkerung schützen, vollends ad absurdum. Fast ist es, als hätte Jesus, als hätte das Neue Testament diese Perversion eines Krieges kommen sehen, der nur noch auf totale Menschenvernichtung aus ist. Darum heißt »das Leben für die Brüder einsetzen« heute erst recht: das Leben für den Frieden einsetzen, für die gewaltlose Austragung von Konflikten und Spannungen, wie es sie immer gibt. Die gewaltlose Austragung von Konflikten muß aber in unserem persönlichen Umgang miteinander beginnen, in der Art und Weise etwa, wie Mann *und* Frau, wie Eltern *und* Kinder, wie Vorgesetzte *und* Untergebene miteinander umgehen. In unseren Beziehungen gibt es immer wieder erschreckend viel rechthaberische Gewalt und Unterdrückung in bald feinen, bald weniger feinen Formen. Wenn unser Leben eine Aufgabe hat, dann *die*, Lebensformen, Gemeinschaftsformen zu erfinden, zu erlernen und einzuüben, die *ohne* Gewalt, *ohne* Unterdrückung auskommen. Wer sich öffentlich für den Frieden einsetzt, zu Hause aber die Freundin, den Freund, den Ehegefährten oder die Kinder rechthaberisch tyrannisiert, bleibt natürlich unglaubwürdig. Aber auch *umgekehrt*! Wer behauptet, er habe im persönlichen Kreis den schönsten Frieden, ohne je einen Finger zu rühren oder den Mund aufzutun, wo es um Frieden und Gerechtigkeit in der Welt geht, auch DER ist unglaubwürdig, weil er ja nichts tut, um seinen Kindern eine Welt des lebenswerten Friedens zu hinterlassen. Aber, schreibt Johannes, der Glaube an die Liebe Gottes verpflichtet uns dazu, das Leben für die Brüder – und das heißt: für den Frieden! – einzusetzen, mit »der Tat und in der Wahrheit«.

Johannes nennt dazu ein konkretes Beispiel:

»Wer aber seinen materiellen Lebensunterhalt hat und schaut zu, wie sein Bruder Not leidet

und verschließt sein Herz vor ihm,
wie kann die Liebe Gottes in ihm bleiben?«

Zur Zeit des Johannes gab es noch kein Netz sozialer Sicherungen. Wer durch Arbeitslosigkeit oder Krankheit in Not geriet, war auf private Wohltätigkeit von Mensch zu Mensch angewiesen. In unserem Land bezahlen wir heute mit Steuern und Beiträgen ein Sozialsystem, das vor der schlimmsten Not schützen kann. Diese Art von Solidarität ist für den Hilfsempfänger weniger demütigend, als wenn er einfach Leute anbetteln oder auf ihre Wohltätigkeit warten muß. Ich glaube, Johannes würde dieses System sozialer Sicherungen ganz prima finden. In ihm wird der Versuch sichtbar, helfende Liebe als soziale Sicherheit allen zugänglich zu machen und alle dafür einzuspannen. Wenn etwas an unserem Staat christlich ist, dann ganz bestimmt dieses soziale Sicherheitsnetz! *Dafür* müssen wir uns deshalb wehren gegen jene, die am liebsten den Sozialstaat wieder abbauen möchten nach dem Rezept von Präsident Reagan: weniger Sozialausgaben, aber mehr Geld für Aufrüstung! Mögen diese Sozialabbau-Politiker sich noch so »christlich« gebärden, sie müssen sich die Frage des Johannes gefallen lassen: Wer sein Herz vor der Not des Bruders verschließt – »wie kann die Liebe Gottes in ihm bleiben?«

Wir leben in einem Land mit sozialem Sicherheitsnetz. Das ist, weltweit gesehen, ein Privileg. Jetzt, in dieser Stunde, wo wir hier beisammen sind, verhungern in der Dritten Welt 2000 Kinder. Hunger ist keine Naturkatastrophe. »Hunger ist ein Skandal« ruft uns die ›Erklärung von Bern‹ zu. Der durch eine ungünstige Natur erzeugte Hunger ist der Ausnahmefall, der von Menschen verursachte Hunger der Normalfall. Die ›Erklärung von Bern‹ illustriert das am Beispiel der Philippinen. Dort haben zwei große amerikanische Agro-Konzerne die Landwirtschaft vollständig auf den Kopf gestellt. Innerhalb weniger Jahre sind die Philippinen zum größten Ananasexporteur der Welt geworden. Auch die Bananen- und Reisproduktion ist rapid angewachsen. Man sollte meinen, das sei bestens. Je mehr Ananas aber angebaut wurde – desto schneller ist auch der Hunger unter der einheimischen Bevölkerung angewachsen! Denn Ananas, aber auch Bananen und Reis, werden exportiert, die Konzerne machen zwar Riesengewinne, die Land- und Fabrikarbeiter dagegen bekommen Hungerlöhne von ca. 40 Rappen pro Stunde. Um leben zu können, sollten sie das Dreifache haben. Ein Netz sozialer Sicherungen gibt es so wenig wie Gewerkschaften, die sich dafür einsetzen. Und die Land- und Fabrikarbeiter sind meistens frühere Kleinbauern, die bisher für den eigenen Bedarf genügend produziert hatten. Ihnen wurde das eigene Land von den Konzernen mit Hilfe von Regierung und Polizei weggenommen, bald mit List, bald mit brutaler Gewalt. Hatten diese Menschen als Bauern früher genügend Nahrungsmittel für sich und die eigene Bevölkerung produziert, so arbeiten sie jetzt für den Export, für die Riesengewinne der Konzerne, müssen selber aber immer mehr hungern.

Ein Beispiel von vielen! Hunger ist tatsächlich ein Skandal. Auf der Welt gäbe es, wie man ausgerechnet hat, genügend Nahrung für alle. In den meisten Fällen wird Hunger gemacht, ist er das Resultat einer vom Profit verblendeten Raubbauwirtschaft an den Menschen und an der Natur. Und das geht uns etwas an: WIR sind es ja dann, die die schönen Ananas billig kaufen, und billige Bananen auch. Was interessieren uns dabei die Hungerlöhne in der Dritten Welt? Was kümmert uns beim Einkauf, daß durch Export-Monokulturen auf den Philippinen oder anderswo vielseitige Landwirtschaftsstrukturen, die früher funktionierten und die einheimische Bevölkerung ernähren konnten, kaputt gemacht werden? Daran denken wir nicht beim Einkauf. Aber nun sagt Johannes, daß wir daran denken *müssen*, daß uns z. B. in jeder Ananasbüchse ein Mann, eine Frau, ein Kind anschaut, mit dem Vorwurf des Hungers und der Frage in den Augen: Warum denkst du bloß an *dein* Portemonnaie, an *dein* Dessert, nicht aber an unsere Hungerlöhne, nicht ans Unrecht, das wir erleiden?

Ja, es liegt tatsächlich an uns, den Konsumenten! Weltweit ist heute alles miteinander verflochten. Unser tägliches Einkaufs- und Konsumverhalten hat etwas mit dem Hunger in der Welt zu tun. Wir haben es nicht geahnt, nicht gewußt. Allmählich aber kommt es an den Tag. Es ist Zeit, daß wir erschrecken und aufwachen, daß wir genau zu fragen anfangen, daß wir uns umstellen und Widerstand leisten. Denn:

> »Wer seinen materiellen Lebensunterhalt hat
> und schaut zu, wie sein Bruder Not leidet
> und verschließt sein Herz vor ihm,
> wie kann die Liebe Gottes in ihm bleiben?«

Gebet

Schaffe in uns, o Gott,
ein neues Herz,
das sich nicht betören läßt
   durch falsche Feindbilder
und das sich nicht verführen läßt
   zu Vorurteil und Haß.

Schaffe in uns ein neues Herz,
das sich auflehnt gegen den Skandal,

daß wir immer mehr aufrüsten
und gleichzeitig
immer mehr Menschen verhungern lassen.

Schaffe in uns, o Gott, ein Herz,
das in Jesus seinen Bruder erkennt,
der furchtlos und kämpferisch die Waffen zerbrach,
der im angeblichen Feind den Bruder entdeckte
und zum Widerstand aufrief
    gegen die tödliche Ideologie des Besitzes
    und der Gewalt,
    die diesen Besitz glaubt sichern zu können.

Schaffe in uns ein neues Herz,
das verstehen lernt, was Leben ist,
das sich der Liebe zu öffnen beginnt
und das sich freuen kann an der Welt, an den Menschen
    und an Dir, der du alles gegeben hast.

(24. Mai 1981)

Größer als unser Herz

Daran werden wir erkennen,
daß wir aus der Wahrheit sind,
und werden wir unser Herz
vor Ihm beruhigen,
daß, wenn uns das Herz verurteilt,
Gott größer ist als unser Herz
und alles erkennt.
Geliebte,
wenn das Herz (uns) nicht verurteilt,
dann haben wir Zuversicht zu Gott.
1. Johannes 3,19–21

Das ist eines der strahlendsten Worte im 1. Johannesbrief: »Gott ist größer als unser Herz«.

Biblisch ist »Herz« nicht allein der Sitz der Gefühle, sondern auch der Ort, wo die Gedanken, die Vorstellungen entstehen. Den Gegensatz zwischen Kopf und Herz, etwa zwischen Kopf-Christentum und Herz-Christentum, hat man zur Zeit des Johannes noch nicht gekannt. Darum meint »Herz« in diesem Text sowohl das intellektuelle wie das affektive Zentrum des Menschen. »Das Herz ist die Person selbst in jeder Person.« (Karl Steffensen, Basler Antrittsvorlesung 1854).

»Wenn uns das Herz verurteilt« bedeutet also nicht bloß das dumpfe Gefühl, sondern ebenso die klare Erkenntnis unseres Ungenügens, unserer Schuld vor Gott. Es gibt mehr Menschen, als wir denken, die zutiefst von ihrer Schuldhaftigkeit durchdrungen sind und sich andauernd

wie Angeklagte, wie schon Verurteilte vorkommen. Ihnen
wird jetzt zugesagt:

>»Daran werden wir erkennen,
daß wir aus der Wahrheit sind,
und werden wir unser Herz
vor Ihm beruhigen,
daß, wenn uns das Herz verurteilt,
Gott größer ist als unser Herz
und alles erkennt. «

Wir sind klein, das ist wohl wahr, wir sind wie nichts vor
Gott, aber das soll uns nicht dazu verleiten, von diesem
Gott nun ebenfalls klein zu denken, ihn uns als einen Pe-
danten vorzustellen, der nichts Gescheiteres zu tun hat, als
hinter uns herzuschnüffeln, als unsere Schuld immer und
immer von neuem aufzurechnen. Gegen solche Kleinmü-
tigkeiten und Verfolgungsängste sagt Johannes: Nein, so
ist Gott nicht, kein Sündenbuchhalter, kein Verwalter eines himmlischen Polizei-Archivs! Gott ist größer – größer
auch als wir mit unseren Selbstvorwürfen, mögen sie noch
so begründet, noch so berechtigt sein.

Gott ist größer als unser Herz, weil er ALLES erkennt!

Das heißt: Gott ist Barmherzigkeit, ist Gnade – DAS ist
seine wahre Größe!

An diesem Punkt heißt es nun aber aufpassen! Gottes
Gnade wird unter unseren Händen und Wünschen oft all-
zurasch zur Nachsicht, die wir mit uns selber haben, wird
zur Selbstentschuldigung für unser Verhalten und für die
Verhältnisse, die wir damit schaffen helfen.

Es gilt aber, »aus der Wahrheit« zu leben, sagt Johannes.
»Aus der Wahrheit« – nicht aus den frommen oder un-
frommen Schlichen unserer Selbstentschuldigung, Selbst-
rechtfertigung! »Aus der Wahrheit« heißt: aus der Wahrheit Jesu Christi.

Er bezeugt die Gnade Gottes nicht als eine gleichmäßig verteilte Wohltat. Die Gnade ist engagiert und deshalb parteilich. Für Gott gibt es durchaus Privilegierte – nämlich die Unterprivilegierten! Seine Größe ist erschienen im Gekreuzigten, der einsam am Kreuz hing, von allen verlassen, nur noch in Gesellschaft zweier ebenfalls zum Tode verurteilten Übeltäter. Und danach ist Gottes Größe von neuem erschienen im Auferstandenen, in diesem seltsamen Jesus »*nachher*«, der unfaßbar wieder auftaucht und buchstäblich quer geht zu allem Gewohnten: er kam durch verschlossene Türen, er zog und zieht seine Spur quer durch die Völker und findet sich immer wieder bei den Unterprivilegierten, die er zum Durchhalten, zum Widerstand, sogar zum Aufstand motiviert – denken wir an das heutige Lateinamerika! Gleichzeitig und auf andere Weise zieht er seine Spur in Ländern mit dem Atheismus als offizieller Doktrin, in Polen, in der DDR, in der Sowjetunion – denken wir zurück an die Predigt, die der Patriarch von Georgien, Ilya II., im Februar hier in dieser Kirche gehalten hat!

Gott ist größer als wir ihn denken können, größer als unser eigenes Weltbild, größer als das eigene Christentum! Dafür ist Jesu Auferstehung an Ostern und ist die Auferstehung seiner Jünger an Pfingsten das sprechendste Zeugnis.

Und so bleibt Gott in einem qualitativen Sinne größer als unser Herz. Darum »haben wir Zuversicht zu Gott«.

Für mich persönlich ist das eine wichtige und hilfreiche Aussage. Sie artikuliert Hoffnung, wo mein Herz eben doch verzagt, wo es sich eben doch verurteilen muß. Wie gesagt: »Herz« meint nicht bloß Gefühl, sondern ebenso unser Denken. Wer denkend und fühlend genau auf das achtet, was heute geschieht, kann ja fast nur noch verzagt werden. Wenn es nicht der dritte und dann für uns Europäer wohl letzte Weltkrieg ist, auf den hin forciert gerüstet wird, dann möglicherweise die ökologische Katastrophe in der einen oder anderen Form. Oder unsere lang sich hinziehende Selbstzerstrahlung durch die jetzt massenhaft produzierte Radioaktivität! Jugendliche sagen: Die Zukunft findet nicht mehr statt. Nicht mehr so Jugendliche sehen sich allen Ernstes nach einem Plätzchen in Australien oder in der Karibik um, wo man vielleicht noch überleben könnte. Was haben wir denn falsch gemacht, daß es so weit kommen konnte, daß unser Horizont verstellt ist von apokalyptischen Vernichtungen? Etwas muß doch falsch sein in unserem Denken, in unserer Lebensweise, gerade als Christen. Etwas muß falsch sein auch in der christlichen Verkündigung. Sind wir vielleicht nicht radikal genug in unserem christlichen Glauben und Handeln? Sind wir Nur-so-nebenbei-auch-noch-Christen, und dementsprechend sieht die Welt jetzt halt aus? Ich weiß, manche verdrängen solche Fragen und sagen, es sei doch alles noch ganz gut in Ordnung, Angst hätten sie keine, Schuld schon gar nicht. Diese angstlosen Mitchristen machen mir erst recht Angst. Ihr rosiger Optimismus läßt mich schwarz sehen. Ich kann da wirklich nur auf DEN Gott hoffen, der größer ist als ihre Angstlosigkeit und als meine Angst, größer als ihre blind machende Gutgläubigkeit und meine ebenso blind machende Sorge und Angst.

Wie gesagt: »Gott ist größer«, das ist nicht quantitativ, das ist qualitativ zu verstehen, das besagt z. B.:
- Gott ist anders als die Sachzwänge, die uns verführen und regieren
- er bleibt offen, wo alles verschlossen, verriegelt ist
- bei ihm sind, wie Jesus sagt, alle Dinge möglich, auch wo unsere eigenen Möglichkeiten erschöpft und verspielt sind

– er gibt uns, wie Kreuzigung und Auferstehung Jesu zeigen, nicht auf, auch wenn wir selber uns aufgegeben haben.

Das sind erst einige Umrisse dessen, was Johannes Gottes »Größe« nennt. Es ist eine Größe, die uns nicht klein macht, die uns nicht erschlägt oder uns verstummen läßt. Es ist im Gegenteil eine Größe, die uns aufstellt, die uns motiviert zum Reden und zum Widerstand gegen den Götzen Sachzwang, gegen den Götzen Profit, gegen den Götzen Aufrüstung, gegen alle diese falschen Götter, denen wir als Nebenbei-auch-noch-Christen ebenso herzhaft wie schuldhaft mitgehuldigt haben. Gott aber ist größer, Gott ist anders, er ruft zur Umkehr auf SEINEN anderen Weg, auf dem wir doch wieder Zuversicht, Hoffnung finden können.

(14. Juni 1981)

Was nicht selbstverständlich ist.

Und was wir auch bitten,
empfangen wir von Ihm,
weil wir Seine Gebote halten
und tun, was vor Ihm wohlgefällig ist.
Und dies ist Sein Gebot,
daß wir glauben an den Namen
Seines Sohnes Jesu Christi
und einander lieben,
wie Er uns geboten hat.
Und wer Seine Gebote hält,
der bleibt in Ihm
und Er – Gott – in ihm.
Und daran erkennen wir,
daß Er in uns bleibt:
an dem Geist,
den Er uns gegeben hat.
1. Johannes 3,22–24

Einen in vielen Dingen unsicheren Menschen und Christen
wie mich stößt die ungeheure Selbstsicherheit, mit der im
Johannesbrief oft formuliert wird, zunächst ab. So auch in
diesem Text wieder:

»Und was wir auch bitten,
empfangen wir von Ihm (Gott),
weil wir Seine Gebote halten
und tun, was vor Ihm wohlgefällig ist.«

Es wäre freilich nicht gut, wenn Johannes bloß schriebe:
»Und was wir auch bitten, empfangen wir von Gott.« So

nicht, das wissen wir. Gott ist kein Gebetsautomat, in den man x-beliebige Bitten wie Münzen hineinwerfen kann und umgehend fallen Gebetserfüllungen heraus. Johannes muß also präzisieren, muß hinzufügen, daß Beten und Leben zusammengehören. Beten heißt nicht, unseren Willen bei Gott durchsetzen – beten heißt, uns zu Gott hin öffnen, so daß SEIN Wille sich bei uns durchsetzen kann. Erst so wird dann auch Bitten sinnvoll.

Ärgerlich ist aber doch, WIE Johannes diese Erkenntnis nun formuliert:

>   »Und was wir auch bitten,
>   empfangen wir von Ihm,
>   weil wir SEINE Gebote halten
>   und tun, was vor Ihm wohlgefällig ist.«

Niemand von uns könnte oder wollte so von sich reden, so selbstsicher:

– WIR halten Gottes Gebote!

– WIR tun, was Gott wohlgefällig ist?

Wie kommt Johannes dazu, so ohne jeden Selbstzweifel, auch ohne den üblichen Sündenvorbehalt (»niemand ist vollkommen«, »wir sind allzumal Sünder«) zu formulieren? In wessen Namen schreibt er überhaupt, wenn er das »wir« gebraucht? Steht eine konkrete Gemeinde hinter ihm? Wir wissen nichts Genaues, nichts Näheres. Nur eines wissen wir, und das könnte Tonart und Stil dann doch wieder erklären: Johannes schreibt einen Kampfbrief, er versteht sich als Stimme einer kämpfenden Gemeinde. Man übersieht das leicht, weil im Zentrum dieses Briefes ja der Satz steht: »Gott ist Liebe.« Da wir meist eine bürgerlich-sentimentale Vorstellung von *Liebe* haben, halten wir *Liebe* und *Kampf* für Gegensätze. Dieses Vorurteil hat schließlich zur Auffassung geführt, Liebe sei gut für den Hausgebrauch, fürs Privatleben; im Bereich der Gesellschaft, der Wirtschaft, der Politik habe sie nichts zu suchen. Doch genau *gegen* die Privatisierung des göttlichen Liebesgebotes hat Jesus gekämpft bis zu seiner Niederlage am Kreuz und hat Gott den Gekreuzigten auferweckt, hat seinen Geist in Menschen neu lebendig gemacht, durch die Jahrhunderte hindurch bis heute, wo sich stets deutlicher zeigt, daß allein das Gottesgebot der Liebe die Menschheit noch vor ihrer Selbstzerstörung retten kann.

Liebe ist also das, was gerade *nicht* selbstverständlich ist, deshalb bleibt sie ein Gebot *Gottes* – und zwar ein universales Gebot, das für alle Lebensbereiche Geltung erlangen will! Dafür eben muß gekämpft werden, dafür hat Johannes gekämpft mit diesem Brief, der polemisch gegen eine starke Strömung in der ersten Christenheit gerichtet war, deren Parole ungefähr gelautet hat: Christus hat uns erlöst, jetzt kann uns ja nicht mehr viel passieren, also können wir tun, was wir wollen und Christus samt Gottes Gebot hinter uns lassen wie überwundene Etappen.

Johannes schrieb seinen Kampfbrief *gegen* eine solche Auflösung des Christus-Glaubens in x-Beliebigkeit. Das erklärt den harten, selbstsicher erscheinenden Ton, den er oft anschlägt. Es geht hier eben um ein Entweder-Oder, das kein Zögern, kein Abwägen erlaubt. Entweder bleibt Gottes Gebot verbindlich oder alles löst sich auf. Entweder bleiben Person und Botschaft Jesu Christi das Herz des Glaubens und die Motivation unseres Handelns, oder Christentum ist eine leere Phrase, die beliebig manipuliert und zu jedem Unfug mißbraucht werden kann.

Unerbittlich kämpft der Johannesbrief deshalb dafür, daß Gottes Liebesgebot für den christlichen Glauben verbindlich und daß er mit der Person Jesu Christi für immer verbunden bleibt:

»Und *dies* ist Sein Gebot,
daß wir *glauben* an den Namen
Seines Sohnes Jesu Christi
und einander lieben,
wie Er uns geboten hat.
Und wer Seine Gebote hält,
der bleibt in Ihm,
und Er – Gott – in ihm.«

Das heißt: außerhalb der Liebe gibt es keine Gemeinschaft mit Gott, ohne ständige Neuorientierung unseres Lebens und Handelns an Jesus Christus kein Christentum.

Diese johanneische Kampfparole greift direkt in die heutige Situation der Christenheit ein. Auch jetzt geht der Kampf um die Frage, ob das Gottes-Gebot der Liebe und damit der Christus-Glaube noch verbindlich sein, noch erste Priorität haben sollen. Der innerkirchliche Glaubenskampf um diese Frage ist heftig im Gange. Er entzündet sich bald da, bald dort – und immer an scheinbar weltlichen Fragen. Das ist kein Zufall, denn gerade in unserem weltlichen Handeln entscheidet sich, was praktisch nun die Priorität hat: Gottes Gebot und Jesus Christus *oder* irgend etwas anderes. So etwa werden die kirchlichen Hilfswerke und die Aktion »Brot für Brüder« jetzt systematisch unter Beschuß genommen, weil ihre Entwicklungspolitik nicht schweizerische Finanz- und Handelsinteressen in den Vordergrund stellt, sondern der brüderlichen Solidarität mit den Armen, den Unterprivilegierten die Priorität gibt, und aus dieser Solidarität heraus auch Kritik an Handels- und Geschäftspraktiken schweizerischer Unternehmen und Banken in der Dritten Welt üben muß – es geht halt nicht anders! Entweder hat Christus die Priorität oder dann die Maximierung des eigenen Profits auf Kosten der Armen. Man kommt da in schwierige Probleme und Konflikte hinein, ich weiß. Aber der Glaube löst nicht nur Konflikte, er verwickelt uns auch in solche! Gottes Liebe verbindet mit den einen Menschen, bringt uns aber auch in Widerspruch zu andern Menschen. Das gehört zum Kreuz, von dem Jesus sagt, daß es dem auferlegt werde, der ihm nachfolgen möchte.

Wie zu Johannes' Zeiten geht es auch heute um die Frage, was christlicher Glaube denn nun sei: eine erbauliche Form der Anpassung an herrschende Götzen oder eine Kraft Gottes, die uns und durch uns allmählich auch die Kirche, auch die Gesellschaft verändert im Sinne einer neuen Brüderlichkeit und Schwesterlichkeit, die dem profitverblendeten Wahnsinn unserer Welt- und Selbstzerstörung neue, bessere Lebensformen entgegensetzt.

Der Egoismus von uns, den im Weltvergleich Reichen und Satten, sei eine viel größere Gefahr für die Welt als der Kommunismus. Das hat Don Helder Camara gesagt, der brasilianische Bischof. So eben spricht ein Glaube, der inspiriert und deshalb klarsichtig geworden ist durch den Geist Gottes. Der andere, der bequeme Glaube, den der Johannesbrief bekämpft, schmeichelt dagegen unserem Egoismus und bläst ihn religiös auf, führt aber ins Verhängnis, weil Gott nicht in uns ist.

>>Und daran erkennen wir,
daß *Er* (= Gott) in uns bleibt:
an dem *Geist*,
den Er uns gegeben hat.<<

(26. Juli 1981)

108

Wo ist die Wahrheit?

Geliebte,
glaubet nicht jedem Geist,
sondern prüfet die Geister,
ob sie aus Gott sind,
denn es sind viele falsche Propheten
ausgegangen in die Welt!
Daran könnt ihr den Geist Gottes erkennen:
Jeder Geist, der bekennt,
daß Jesus Christus im Fleisch gekommen ist,
ist aus Gott.
Und jeder Geist,
der Jesus zunichte macht,
ist nicht aus Gott.
Und dieser ist
der Geist des Antichrists,
von welchem ihr gehört habt,
daß er kommt.
Und er ist schon jetzt da in der Welt.
1. Johannes 4,1–3

Wer spricht aus Gott und wer nicht? Wer hat den Geist
Christi und wer den Geist des Antichrists? Eine schwierige
Frage, heute so gut wie zur Zeit des Johannesbriefes vor
1900 Jahren. Die Frage ist sogar so schwierig, daß die rö-
misch-katholische Kirche sie ihren Gläubigen abnimmt
und dem kirchlichen Lehramt, d. h. dem Papst, überbür-
det. Er ist in der katholischen Kirche diejenige Instanz, die
die Geister daraufhin prüft, was wahre und was falsche

Prophetie, was christlich und was antichristlich ist. Diese Lösung hat gewiß ihre Vorteile. Aber nicht erst Hans Küng hat nachgewiesen, daß auch Päpste geirrt haben und noch irren. Luther hat seinerzeit den Papst einen Antichristen genannt. Heute geben selbst katholische Historiker zu, daß der Papst mit der Exkommunikation Luthers falsch gehandelt und dadurch die Kirchenspaltung, die Luther nicht wollte, mit provoziert habe. So hat es also seine Nachteile, die Entscheidung über wahre und falsche Prophetie, über christlich und unchristlich, einer einzigen Instanz aufzubürden.

Der Johannesbrief denkt von ferne nicht an ein zentrales Lehramt. Für ihn ist die Wahrheitsfrage der *ganzen* Gemeinde und *allen* Christen gestellt, nicht bloß einer obersten Kircheninstanz. Darum geht die Aufforderung an *alle* Glieder der Gemeinde Jesu Christi:

> »Geliebte,
> glaubet nicht jedem Geist,
> sondern prüfet die Geister,
> ob sie aus Gott sind,
> denn es sind viele falsche Propheten
> ausgegangen in die Welt!«

Sind wir überhaupt imstande, die Geister zu prüfen? Ist nicht gerade *dies* das Elend des Protestantismus: die Zersplitterung in eine unübersehbare Vielzahl von Wahrheitsbehauptungen? Und niemand ist da, der in letzter Instanz sagt, was gilt und was nicht. Alles scheint sich in Meinungen und Behauptungen aufzulösen, so daß man oft kaum mehr drauskommt. Ein Witzbold hat gesagt: Bei uns Protestanten ist halt jeder sein eigener Papst! So ist es oft. Und für unfehlbar halten wir uns heimlich auch noch. Das aber ist auf jeden Fall antichristlich und stempelt unsere selbstsicheren Behauptungen zur falschen Prophetie, so daß man beifügen müßte: Bei uns ist jeder sein eigener Papst und auch sein eigener Antichrist, sein eigener falscher Prophet.

So lautet die Frage, die gerade für uns Protestanten entscheidend ist: Gibt es denn objektive Kriterien, um zwischen göttlichem und antichristlichem Geist unterscheiden zu können?

Ja, die gibt es, Johannes nennt das Hauptkriterium:
>Daran könnt ihr den Geist Gottes erkennen:
Jeder Geist, der bekennt,
daß Jesus Christus im Fleisch gekommen ist,
ist aus Gott.«
Voilà – das also sei der springende Punkt, das objektive Kriterium!

Noch immer aber tappen wir im Dunkel. Was soll das denn heißen: ». . . bekennen, daß Jesus Christus im Fleisch gekommen ist«?

Historisch ist's rasch erklärt: Johannes schrieb gegen eine Strömung in den damaligen Gemeinden, die behauptete, daß Christus nicht wirklich Mensch geworden sei. Er habe nur zum Schein Menschengestalt angenommen, habe deshalb auch nicht real gelitten, sei nicht real gestorben. Ein Himmelssohn sei er gewesen, aber niemals wirklich irdisch-menschlich, im Gegenteil, er habe uns Menschen aus allem Irdischen gerade weglocken, gerade wegholen wollen. Darum lehrten diese Kreise, alles Irdische sei gleichgültig, darauf komme es überhaupt nicht an, Hauptsache, daß die Seele sich mit Christus zum Himmel erheben und nach dem Tod vollends in den Himmel reisen könne.

So ungefähr scheint die Irrlehre gelautet zu haben, gegen die Johannes seinen Kampfbrief schrieb und von der er hier erklärt:

»Jeder Geist,
der Jesus (auf diese Weise) zunichte macht,
ist nicht aus Gott.
Und dieser ist
der Geist des Antichrists,
von welchem ihr gehört habt,
daß er kommt.
Und er ist schon jetzt da in der Welt.«

Wir können gleich beifügen: und er ist, dieser Geist des Antichrists, heute noch da, ist auch heute lebendig in den Kirchen. Gewiß, die historischen Vorzeichen haben sich geändert, aber wir kennen die Tonart, wir kennen diese Behauptungen, da da lauten:

– Christus ist gekommen, um unsere Seelen ins Jenseits zu retten
– Christlicher Glaube ist eine Privatangelegenheit zwischem dem einzelnen und Gott
– Der Glaube soll sich deshalb allein um das jenseitige Heil des einzelnen kümmern, für die Gestaltung der diesseitigen Welt ist er nicht zuständig.

So hört man es auch heute sagen, und dahinter steckt die alte Irrlehre, für die der Glaube *ein Weg aus der Welt hinaus* ist.

Johannes jedoch schreibt: Nein, nein, der Glaube ist *ein Weg in die Welt hinein*, weil auch Jesus in die Welt hinein gekommen ist, weil er Mensch geworden ist, oder noch stärker gesagt: weil er im Fleisch gekommen ist. »Fleisch« bedeutet nicht nur individuelle Leiblichkeit, sondern die Bedingungen menschlicher Existenz überhaupt in ihrer Not, in ihrer Verheißung. Mit »Fleisch« wird erinnert an die Abhängigkeit aller Menschen voneinander und an den Mißbrauch dieser Abhängigkeit, indem die einen die anderen krank machen oder sie hungern und verhungern lassen, indem einige Mächtige die von ihnen Abhängigen gegeneinander hetzen, bis sie einander umbringen. So ist dann ja auch Jesus getötet worden. So sollen wir heute wiederum gegeneinander gehetzt werden zum Overkill, zur millionenfachen Tötung durch noch mehr Atomraketen. Das »Fleisch« ist eben nicht nur auf natürliche Weise sterblich, es ist, weil jeder vom anderen abhängig bleibt, von diesem anderen auch tötbar, einzeln oder in Massen. Das ist unsere totale Gefährdung.

In diese Abhängigkeit hinein, in diese Tötbarkeit, in dieses gefährdete »Fleisch« der Menschheit hinein ist Jesus gekommen.

Wozu?

Um uns vom Fluch gegenseitiger Bekämpfung und Vernichtung zu befreien.

Um uns die Augen und Herzen zu öffnen für den Reichtum, der in der gegenseitigen Abhängigkeit allen Fleisches enthalten ist und nur darauf wartet, entfaltet zu werden.

Die Abhängigkeit aller von allen, von Gott so gewollt, ist ein ungeheures Potential von Glücksmöglichkeiten. Deshalb sagt die kirchliche Lehre, Gott selber sei dreieinig. Er schöpft seine eigene Intensität, sein Leben, sein Glück aus dem Spiel der gegenseitigen Abhängigkeit von Vater, Sohn und Heiligem Geist. In diesem Reichtum an Beziehung, Lebendigkeit, Zuwendung ist er Liebe in sich selbst und darum auch Liebe zu allem, was er geschaffen hat.

Nein, Jesus ist wahrhaftig *nicht* gekommen, um uns aus dem Fleisch, aus unserer menschlichen Existenzweise fortzulocken, fortzuholen. Er ist »im Fleisch« gekommen, um unsere menschlichen Existenzformen für die guten Möglichkeiten Gottes zu öffnen. Wer etwas anderes verkündet, schreibt Johannes, macht »Jesus zunichte«, nimmt seine

Menschwerdung nicht ernst. Wer behauptet, Jesus gehe es allein um das jenseitige Seelenheil einzelner, darum solle man das »Fleisch«, d. h. unser gesellschaftliches Zusammenleben den Politikern, Technokraten, Generälen überlassen, der redet aus dem Geist des Antichrists.

Es muß uns mit Zuversicht erfüllen, daß am deutschen evangelischen Kirchentag mehr als hunderttausend Christen gegen diesen antichristlichen Geist demonstriert haben, dessen buchstäblich letzte Weisheit die Produktion neuer Atomraketen zum Overkill ist.

Die katholische Theologieprofessorin Uta Ranke-Heinemann, eine Tochter des früheren deutschen Bundespräsidenten, hat am Kirchentag ausgerufen: »Jesus ist kein Killer. Darum hat er mit dem Overkill (der jetzt in Gang gesetzten Aufrüstung) nichts, aber auch gar nichts zu tun!«

So einfach, so klar ist das für alle, die glauben, daß Jesus Christus »im Fleisch« gekommen ist. Auch wir werden bald um so klare Aussagen, um so klare Entscheidungen zwischen Christ und Antichrist nicht herumkommen.

»Daran könnt ihr den Geist Gottes erkennen:
Jeder Geist, der bekennt,
daß Jesus Christus im Fleisch gekommen ist,
ist aus Gott.«

(9. August 1981)

Gott in uns

Ihr seid aus Gott, Kindlein,
und ihr habt sie (= die aus dem Geist des
    Antichrists reden) besiegt,
denn der, welcher in euch ist,
ist größer als der, welcher in der Welt ist.
Sie sind aus der Welt.
Deshalb reden sie aus der Welt
und die Welt hört auf sie.
Wir sind aus Gott.
Wer Gott kennt, der hört auf uns.
Wer nicht aus Gott ist,
der hört nicht auf uns.
Daran erkennen wir den Geist der Wahrheit
und den Geist der Verführung.
1. Johannes 4,4–6

Johannes kämpft mit seinem Brief gegen eine in den christlichen Gemeinden seiner Zeit stark gewordene Richtung, die mit der Menschwerdung Jesu auch den Kampf für die Vermenschlichung unserer Welt abgelehnt hat (Vers 3).

Heute würden wir sagen: Johannes kämpft gegen Anpasser, die ihr Glaubensfähnchen nach dem Winde hängen und das verkünden, was gerade so Mode ist und deshalb bei niemandem Anstoß erreget. Dementsprechend anpasserisch sind dann auch Gottesbild und Jesusbild dieses Glaubens, den Johannes »antichristlich« nennt.

»Sie sind aus der Welt.

Deshalb reden sie aus der Welt
und die Welt hört auf sie.«

Diesem »Geist der Verführung« und Anpassung setzt Johannes den widerständigen, oft widerborstigen Glauben an den Mensch gewordenen Jesus entgegen als eigene Position.

»Wir sind aus Gott.

Wer Gott kennt, der hört auf uns.

Wer nicht aus Gott ist,
der hört nicht auf uns.

Daran erkennen wir den Geist der Wahrheit
und den Geist der Verführung.«

Das tönt wiederum, wie früher schon festgestellt, recht selbstsicher, recht autoritär: »WIR sind aus Gott« – wer nicht wie WIR glaubt, ist nicht aus Gott! Das ist nicht die Redeweise eines Gesprächs am runden Tisch, es wird dekretiert: So ist's – und wer das Gegenteil sagt, redet ohne Gott und gegen Gott. Doch wie gesagt: Johannes *kämpft* mit seinem Brief! Es geht um ein Entweder – Oder, entweder Jesus Christus oder der Antichrist! Mag uns die johanneische Tonart und Redeweise hier auch unbehaglich werden, so denke ich doch: Wenn Johannes, wenn auch andere zuweilen nicht *so* entschieden, nicht *so* hart geredet und gestritten hätten, wäre der christliche Glaube wahrscheinlich bald überflutet worden von allen möglichen Kompromissen und Anpassungen und hätte das erste und zweite Jahrhundert wohl kaum überleben können.

»Ihr aber seid aus Gott, Kindlein,
und ihr habt sie besiegt,
denn der, welcher in euch ist,
ist größer als der, welcher in der Welt ist.«

Was heißt: Der Gott in euch ist größer als der, welcher in der Welt ist? Bestimmt ist dieser »Gott in uns« keine Maske des eigenen Ichs, der eigenen Interessen, also bestimmt auch kein Anpasser. Wie er sich heute bekunden kann, erzähle ich mit den Worten von Joseph Abileah, eines Israeli, der von sich sagt: »Ich versuche, die jüdische Ethik so zu leben wie die ersten christlichen Gemeinden.« Abileah ist in Israel von jeher Kriegsdienstverweigerer und Kämpfer für einen fairen Frieden mit den Arabern gewesen. Yehudi Menuhin hat über ihn geschrieben: »Er spricht Arabisch so gut wie Hebräisch, er ist bei den Arabern so beliebt wie bei den Juden, er ist ein realistischer Idealist und sucht selbstlose Lösungen für andere; er arbeitet unermüdlich, um die Menschen von ihrem blinden Nationalismus abzubringen … Er gründet Einsatzgruppen von Jungen und Mädchen aus Israel, um den Arabern ihre durch Waffengewalt zerstörten Häuser wieder aufzubauen. Hätte ich den Friedensnobelpreis zu vergeben, er wäre sein.«

Soweit Yehudi Menuhin.

Nun aber Joseph Abileah selbst. Er erzählt:

»Mein Engagement für die Gewaltfreiheit entspringt einer Erfahrung, die ich im Jahre 1936 gemacht habe, als es hier in Palästina Unruhen gab. Die Lage war für jedermann gefährlich, für die Juden, für die Araber. Ich befand mich auf einem Ausflug auf arabischem Gebiet. Eines Morgens sah ich mich plötzlich auf freiem Feld einer Gruppe von Menschen gegenüber; es waren anscheinend Moslems. Als sie merkten, daß ich jüdischer Herkunft war, sagten sie, sie müßten mich töten, weil ihnen befohlen sei, jeden Juden zu töten, der ihnen begegnete. Ich sagte: ›Wenn das eure Pflicht ist, dann müßt ihr es tun. Ich bin in eurer Hand.‹ Ich verstehe ganz gut Arabisch, so verstand ich auch, was sie unter sich sprachen. Einer machte den Vorschlag, mich in einen Brunnen zu werfen. Als ich das hörte, fragte ich ganz ruhig, wo dieser Brunnen sei und ging dann in dieser

Richtung. Als ich dort war, umringten mich die Leute, die mir nachgefolgt waren, und ich stand da, vor dem offenen Brunnen. Aber da war nicht einer, der das Herz hatte, mich hineinzustoßen. Es war eine schwierige Lage. Sie wollten mich nicht freilassen, weil sie sonst gegen ihre Pflicht verstoßen hätten. Aber keiner wollte der erste sein, etwas zu tun, von dem ihm sein Gewissen sagte, daß es falsch sei. Endlich fiel ihnen ein Ausweg ein. Sie machten mich – pro forma – zu einem Moslem, dann ließen sie mich frei. « (Neue Wege, Juli / August 1981)

Soweit die Erzählung des Joseph Abileah. Er selbst deutet sein Erlebnis folgendermaßen: »Später dachte ich über die ganze Situation nach und über die Mentalität dieser Leute. In dem Augenblick, als sie handeln wollten, meldete sich ein Instinkt. Ich erkannte etwas, was ich später in anderen Philosophien las: das von Gott in unserem Herzen, dem göttlichen Funken, der uns erleuchtet und unser Handeln bestimmt. Als ich auf diese Weise gerettet wurde, wurde mir bewußt, wie nutzlos und sinnlos Waffen für die Verteidigung sind. Wenn ich in dieser Lage einen Revolver gehabt hätte, würde ich vielleicht einen der Leute getötet haben – aber es waren ihrer dreißig –, und dann wäre sicher auch ich getötet worden. Hätte ich nur den geringsten Widerstand gezeigt, so hätten sie mich getötet. Meine Art der Reaktion, die damals ganz instinktiv war, hat mir seither schon mindestens zehnmal das Leben gerettet.«

Hier, in dieser Erfahrung des Joseph Abileah leuchtet etwas auf von der Realität *des* Gottes, der in uns und trotzdem größer ist als jene Götter, die in der Welt mächtig sind, deren letzte Weisheit aber immer wieder Gewalt und noch einmal Gewalt heißt.

Das Erlebnis Abileahs zeigt, daß Gewalt Probleme niemals lösen kann. Gewalt ist Kurzschluß. Sie bringt uns nichts, sie bringt uns ums Leben. Und heute stehen wir alle am Rand des Brunnens, dort wo Abileah gestanden hat. Wird man uns, uns in Europa, von der einen oder anderen Seite hineinstoßen? In dieser Situation, meint Abileah, ist der Griff zur Waffe, der Glaube an Waffengewalt die dümmste, die selbstmörderischste aller Reaktionen. Die Rettung Abileahs war ein Wunder. Doch fiel dieses Wunder nicht vom Himmel. Es war die Tat, das Verhalten von Menschen, die schließlich DEN in sich reden und bestimmen ließen, der in seiner Menschenbejahung »größer ist als der, welcher in der Welt ist«, größer als der Götze der Gewaltbejahung und Menschenverneinung, der überall sein Maul aufreißt und mit teuflischen Waffen fuchtelt.

Diesem Götzen gegenüber, nach dessen nihilistischer Pfeife leider auch manche Christen zu tanzen beginnen, macht Abileah Mut zum »Gott in uns«, Mut zum Gewaltverzicht, Mut zu jener Liebe, die auch im Feind immer mit DEM Gott rechnet, der größer ist als unsere Feindbilder.

Noch gibt es Hoffnung für uns, für Europa. Es gibt sie, weil der Gott Jesu Christi in uns größer ist »als der, welcher in der Welt ist«.

(30. August 1981)

Außerhalb der Liebe kein Heil

Geliebte,
laßt uns einander lieben,
denn die Liebe ist aus Gott,
und jeder, der liebt,
ist aus Gott gezeugt
und kennt Gott.
Wer nicht liebt,
hat Gott nicht erkannt,
denn GOTT IST LIEBE.
1. Johannes 4,7/8

Gott ist nicht Mann, Gott ist nicht Frau, Gott ist Liebe.

Gott ist nicht Europäer, Gott ist nicht Amerikaner, er ist nicht Afrikaner und auch nicht Asiate, Gott ist Liebe.

Gott ist nicht Christ, nicht Jude, nicht Moslem, Gott ist auch nicht Hindu oder Buddhist, Gott ist Liebe.

Gott ist nicht die Natur, Gott ist nicht die Geschichte, Gott ist Liebe.

Was aber heißt: Liebe?

Eine alte ostjüdische Legende erzählt:

»Ein Bauer saß mit einem anderen Bauern in einer Schenke und trank. Lange schwieg er, wie die andern alle. Als aber sein Herz vom Wein bewegt war, sprach er seinen Nachbarn an: ›Sag, liebst du mich oder liebst du mich nicht?‹ Jener antwortete: ›Ich liebe dich sehr.‹ Aber er sprach wieder: ›Du sagst, ich liebe dich, und weißt doch nicht, was mir fehlt. Liebtest du mich in Wahrheit, du würdest es wissen.‹ Der andere vermochte kein Wort zu erwidern, und auch der Bauer, der gefragt hatte, schwieg wieder wie zuvor. Ich aber verstand: Das ist die Liebe zu den Menschen, ihr Bedürfnis zu spüren und ihr Leid zu tragen.«

So die ostjüdische Legende.

Und so ist auch Gott Liebe: er spürt unser tiefstes Bedürfen, er nimmt unser Leid auf sich.

> »Geliebte,
> laßt uns einander lieben,
> denn die Liebe ist aus Gott,
> und jeder, der liebt,
> ist aus Gott gezeugt
> und kennt Gott.«

Nur wer liebt, kennt Gott! Deswegen sagte ich eingangs: Gott ist nicht Christ, nicht Jude, nicht Moslem, auch nicht Hindu oder Buddhist oder etwas anderes. Das alles sind unentbehrliche Religionen, die elementare Erfahrungen, Wünsche, Hoffnungen ausdrücken. Darum verschwinden diese Religionen auch nicht und kommen immer wieder. Doch wer meint, irgendeine dieser Religionen sei DAS Patentrezept, um die Kenntnis von Gott, um die Gemeinschaft mit ihm sicherzustellen, der muß sich im Sinne eines anderen Apostels, nämlich des Paulus, mahnen lassen: Und kennte ich alle Religionen der Welt, ihre Glaubenssätze, ihre tiefe Weisheit, ihre Gebote und Verheißungen, hätte aber der Liebe nicht, so nützte es mir nichts (nach 1. Korinther 13, 1–3).

Oder wie eben Johannes hier schreibt, kurz und bündig:

> »Wer nicht liebt,
> hat Gott nicht erkannt,
> denn GOTT IST LIEBE.«

Außerhalb der Liebe kein Gott und kein Heil! Das relativiert unsere Religiositäten, unsere Kirchlichkeiten. Wenn diese uns nicht liebeswilliger, nicht liebesfähiger machen, führen sie an Gott vorbei in oft heillose Rechthaberei und Intoleranz, wie etwa bei den iranischen Ajatollahs, die für den Islam im gesamten aber ebensowenig charakteristisch sind wie südafrikanische Apartheid-Christen für das Christentum oder Menachem Begin für die jüdische Religion.

Der Satz »Gott ist Liebe« zielt auf unsere geheimsten Gefühle, Gedanken, Motivationen, zielt auf alltäglichste, auf unauffälligste Handlungen und Beziehungen. Unmöglich, sich vor DIESEM Gott zu verstecken hinter religiösen Institutionen, hinter religiösen Dogmen und Gebräuchen! *Wir selbst* sind gefordert. Wir selbst werden schuldig. Davor schützt keine Kirchenzugehörigkeit, keine noch so richtige Rechtsgläubigkeit.

> »Wer nicht liebt,
> hat Gott nicht erkannt,
> denn GOTT IST LIEBE.«

Es ist gut, daß wir diesem Text jetzt, ausgerechnet am eidgenössischen Dank-, Buß- und Bettag nachdenken. An diesem Tag werden traditionellerweise Probleme des ganzen Volkes zur Sprache gebracht. Mit Problemen gemeinsamer Politik, Wirtschaft, Kultur hat unser Text sehr wohl zu tun! Es ist der große Sündenfall eines verbürgerlichten und sentimentalisierten Christentums, daß es die Liebe privatisiert hat. Man hat sich angewöhnt, das Liebesgebot allenfalls auf persönliche, private Beziehungen anzuwenden. Aus dem Leben der Wirtschaft, der Politik aber bleibt es ausgeklammert: da – so heißt es – gelten ganz andere Gesetze.

Der Satz »GOTT ist Liebe« spricht jedoch vom *universalen* Gott. Sein Liebeswille zielt auf die Welt, auf die Gesellschaft insgesamt. Und Gott, sagt die Bibel, sei ein KOMMENDER Gott, kein Gott der bestehenden Verhältnisse. Gott als Liebe ist kein Repräsentant, kein Garant des Bestehenden, im Gegenteil, er ist Widerspruch gegen und Angriff auf unsere längst gewohnte, längst akzeptierte Lieblosigkeit. Als Liebe kommt Gott in eine Welt, die sich gegen ihn verschließt, gegen ihn auflehnt.

Das politische und wirtschaftliche Wort für Liebe heißt »Gerechtigkeit«. Gott kommt als Gerechtigkeit, um – wie Maria im Magnifikat (Lukas 1, 52 / 53) singt – die Hungernden satt zu machen und die Reichen mit leeren Händen, d. h. ohne ihren bisherigen Profit, hinwegzuschicken. Gott als Liebe, als Gerechtigkeit, nimmt Partei – das schleckt keine Geiß aus der Bibel weg! Er nimmt Partei für die Kleinen, die Betrogenen, die Hungernden. Er nimmt Partei gegen die Gewaltigen, die Profiteure, die immer noch mächtiger, immer noch reicher werden wollen zu Lasten aller andern.

Der Satz »Gott ist Liebe« kündet also Umwertungen, Umwälzungen an. Er fragt uns, auf welcher Seite wir zu stehen gedenken – auf der Seite der Liebe, der Gerechtigkeit für alle, oder auf der Seite der Macht und des Reichtums für wenige? Weil Gott universal ist und nicht im privaten Lebenskreis eingegrenzt bleiben will, wird der Satz »Gott ist Liebe« ein hochpolitischer Satz, eine Herausforderung für uns alle, die wir Christen sein wollen, hier in der ersten Welt, hier in der Schweiz.

Mit diesem Satz ist's wie mit einem Stein, der in einen stillen Teich geworfen wird: es werden Kreiswellen erzeugt, zuerst ganz eng, im persönlich-privaten Bereich, dann weiten sich die Kreise, der ganze Teich gerät in Bewegung.

>> Jeder der liebt,
ist aus Gott gezeugt
und kennt Gott ...
denn GOTT IST LIEBE. <<

(20. September 1981, eidgenössischer Dank-, Buß- und Bettag)

Die Liebe geht Wege, die der Verstand oft nicht begreift

Darin ist die Liebe Gottes zu uns erschienen,
daß Gott seinen einzigen Sohn
in die Welt gesandt hat,
damit wir durch ihn leben.
Darin besteht die Liebe,
nicht daß WIR Gott geliebt haben,
sondern daß ER uns geliebt
und seinen Sohn gesandt hat
als Sühnung für unsere Sünden.
Geliebte,
wenn Gott uns so geliebt hat,
so haben auch wir die Pflicht,
einander zu lieben.
1. Johannes 4,9–11

Das Gebot, einander zu lieben, ist nicht ungefährlich, zumal, wenn es so oft wiederholt und eingeschärft wird wie im 1. Johannesbrief.

Nicht ungefährlich, weil wir dazu verleitet werden könnten, uns ständig zu überfordern.

Nein, wir können nicht in einem fort allen Mitmenschen zuliebe leben. Das hat auch Jesus nicht tun können. Oft hat er sich von den Leuten, die ihn doch brauchten, die nach ihm verlangten, zurückziehen müssen. Um Kraft für andere zu haben, muß man auch bei sich selber sein dürfen, sonst kommt man in einen Krampf, in ununterbrochene

Selbstüberforderung hinein, die zuletzt auch andern nichts mehr bringt, im Gegenteil.

So etwas weiß man, daß eine Mutter, die jahraus jahrein einzig nur für ihre Kinder da ist und keinen anderen Lebensinhalt als ihre Mutterliebe kennen will, ihren Kindern einen schlechten Dienst erweist. Sie kettet sie nämlich an sich selber. Falls die Kinder erst noch zu spüren und sogar zu hören bekommen, daß die Mutter sich einzig und allein für sie aufgeopfert und um ihretwillen auf vieles verzichtet, dann beginnen sie allmählich unter einem ungeheuren Druck zu leiden – Erwartungsdruck, Dankbarkeitsdruck –, und eines Tages schlägt das um in blanken Mutterhaß, in Auflehnung gegen den Terror solcher Mutterliebe.

Das ist nur EIN Beispiel, wie wir durch Liebe uns selber, aber auch andere verhängnisvoll überfordern können.

So also nicht. Wir müssen die Liebe ja auch nicht selber erschaffen oder erfinden, sie ist DA – längst vor uns und auch dort, wo eigene Liebe nicht ausreicht, nicht hinreicht. Darin nämlich

>ist die Liebe Gottes zu uns erschienen,
daß Gott seinen einzigen Sohn
in die Welt gesandt hat,
damit wir durch ihn leben.«

Gott IST Liebe – wir HABEN allenfalls Liebe. Niemals sind wir selber Quellen der Liebe, eher Teiche, Tümpel, kleine Seelein, die Liebe empfangen und nur deshalb Liebe auch weitergeben können. Der Wasserstand dessen, was wir an Liebe haben, wechselt beständig. Manchmal sind wir fast ausgetrocknet, dann müssen die andern Geduld mit uns haben. Ihre Geduld sickert dann allmählich als Liebe wieder in unser ausgetrocknetes Innenland ein. Und umgekehrt sind die andern ihrerseits auf unsere liebende Geduld angewiesen. In diesem gegenseitigen Nehmen und

Geben HABEN wir Liebe. Gott aber IST Liebe! Sie ist sein Leben.

»Gott ist tot« – seit Nietzsche das heimliche Schreck- und Stichwort der Neuzeit! Nicht nur Theologie und Philosophie kreisen seither unablässig um die Frage nach dem eventuellen Tod Gottes. Wenn ganze Völker jetzt ihre größten Anstrengungen, den größten Teil ihrer Arbeit und ihres Geldes in gigantische Unternehmungen totaler Zerstörung und Selbstzerstörung investieren, so demonstriert dieser Terror der gegenseitigen Einschüchterung mit dem Weltuntergang eine Praxis und Politik der »verstorbenen« Gottesbeziehung.

Aus heutigen Weltzuständen ist Gott tatsächlich nicht abzuleiten, nicht abzulesen. Das war er aber auch früher nicht. Nie ist Gott erschienen als Weltgeschichte! Diese wird von Menschen gemacht. Gott als Liebe ist klar und erkenntlich DARIN und nur darin erschienen,

> »daß er seinen einzigen Sohn
> in die Welt gesandt hat,
> damit wir durch ihn leben.
> Darin besteht die Liebe,
> nicht daß WIR Gott geliebt haben,
> sondern daß Er uns geliebt
> und uns seinen Sohn gesandt hat
> als Sühnung für unsere Sünden.«

Das heißt erstens: Gott ist nicht die Welt, er ist Liebe, und sein Sein unterscheidet ihn von der Welt. Man könnte sagen: Sein Existieren als Liebe ist Gottes Jenseitigkeit.

Nun aber – zweitens – ist diese Liebe, die nicht VON der Welt ist, IN die Welt gekommen durch Jesus Christus. Das Wichtigste, was von diesem Hineinkommen in unsere Welt gesagt werden darf, ist dies: Die Liebe kommt »als Sühnung für unsere Sünden«.

Dies wiederum bedeutet: Gottes Liebe kommt, bleibt aber nicht stehen bei dem, was gut und schön ist in der Welt. Sie strömt über, strömt weiter, wird Liebe zu den Sündern, zu den Beschädigten, wird in Jesus zur Stimme der Stummen, die am Kreuz selber zum Verstummen gebracht wird. Diesen Gewaltakt der Kreuzigung verwandelt Gottes Liebe aber wiederum in einen Vorgang der Sühnung, der Versöhnung.

Darum sagt Johannes,

> »daß Er uns geliebt und uns seinen Sohn gesandt hat als Sühnung für unsere Sünden.«

Wir kennen diese und ähnliche Wendungen vom Sühnetod Jesu, haben aber Mühe mit ihnen. Auch ich verstehe sie nicht. Ich kann weder mir noch andern erklären, wie dieser Sühnetod zu verstehen ist. Vielleicht ist er überhaupt NICHT zu verstehen, jedenfalls nicht mit dem Kopf! Darum, denke ich, gibt es das Abendmahl, wo wir den Gekreuzigten als Sühnung unserer Sünden noch anders als nur mit dem Kopf, nur mit dem rationalen Denken erleben.

Ob wir diese altehrwürdigen Formulierungen und Vorstellungen nun mehr oder weniger oder gar nicht nachvollziehen können, auf alle Fälle dürfen wir sie als Zusage DES Gottes nehmen, der in seiner Liebe gerade das aufsucht, was verloren ist, der gerade die aufstellt, die darniederliegen in Schuld und in Kläglichkeit.

In einer Welt, wo heillos Normale es für normal und heillos Vernünftige es für vernünftig halten, gegebenenfalls ganz Europa für immer zu vernichten, in einer solchen Welt – so scheint mir – bleibt die Unbegreiflichkeit, die Andersheit und scheinbare Verrücktheit DES Gottes, der Liebe ist – Liebe gerade zu den Verlorenen – unsere einzige Hoffnung, unsere sinnvollste Motivation:

»Geliebte,
wenn Gott uns so geliebt hat,
so haben wir die Pflicht,
einander zu lieben.«

Mag man uns zur Zeit auch alle möglichen anderen Pflich-
ten einreden und aufschwatzen wollen, die Pflicht zum
Mißtrauen und zum Haß etwa, die Pflicht zur Gewalt und
Aufrüstung, *Gott* verpflichtet uns zu dem einen: »einander
zu lieben«! Und diese *eine* Pflicht überfordert nicht, denn
die Liebe ist ja schon da, Gott selber ist sie. Die heilige
Verrücktheit, die heilige Andersheit seiner Liebe kommt
ohne Arroganz der Macht, droht nicht mit Vor- und
Nachrüstungen, nicht mit Rache oder Vergeltung, im Gegenteil: Gott hat einseitig abgerüstet, seine Liebe hat die
Gestalt eines Gewaltlosen, eines Hingerichteten angenommen.

(18. Oktober 1981)

Gott liebt, deshalb sind wir – wir lieben, deshalb kommt Gott

Keiner hat Gott je gesehen.
Wenn wir einander lieben,
so bleibt Gott in uns
und seine Liebe ist in uns zur Vollendung gekommen.
Daran erkennen wir,
daß wir in Ihm bleiben
und Er in uns,
daß Er uns von seinem Geist gegeben hat.
Und wir haben geschaut
und bezeugen,
daß der Vater den Sohn gesandt hat
als Retter der Welt.
1. Johannes 4,12–14

»Keiner hat Gott je gesehen.« Offenbar scheint Gott keinen Wert darauf zu legen, von außen her betrachtet, von außen her angestaunt zu werden. Seine Absicht ist eine andere: in uns hinein will er schlüpfen, in uns drinnen will er tätig werden, von innen her unser Fühlen, Denken, Handeln bestimmen.

»Keiner hat Gott je gesehen.
Wenn wir einander lieben,
so bleibt Gott in uns
und seine Liebe ist in uns zur Vollendung gekommen.«

Gott ereignet sich als Liebe und kann von uns nur erfahren werden in der liebenden Begegnung zueinander hin.

Das wichtigste Wort in diesem Text heißt »*bleiben*«. Gott kommt, um in uns zu bleiben. Und er bleibt, wenn auch wir in ihm bleiben. Sein Bleiben in uns und unser Bleiben in ihm, das sind zwei Seiten ein und derselben Bewegung, die Liebe heißt. Unter »Bleiben« ist also nicht Untätigkeit, nicht Stillstand zu verstehen. »Bleiben« meint die Bewegung der Liebe. Gott bleibt in uns, und wir bleiben in ihm, solange und soweit wir uns von Liebe bewegen lassen.

> »Daran erkennen wir,
> daß wir in Ihm bleiben
> und Er in uns,
> daß Er uns seinen Geist gegeben hat.«

In den biblischen Sprachen ist »Geist« eine bewegende Kraft wie der Wind, der die Gräser und die Oberfläche eines Sees bewegt. Geist und Wind sind sogar dasselbe Wort, man könnte auch vom Wind Gottes sprechen, womit anschaulich würde, daß Gott Bewegung ist, die auch uns bewegen will.

Einen Wind sieht man nicht. Man spürt ihn aber im Gesicht, man sieht seine Wirkung in den Bäumen, man sieht, in welcher Richtung er eine Rauchfahne oder eine Wolke treibt. So sieht man auch Gott nicht, spürt jedoch seine Wirkungen an sich selber, sieht sie an andern Menschen. Was, wenn nicht der Geist, der Wind Gottes ist es z. B., der jetzt überall Menschen zu Tausenden, zu Hunderttausenden dazu bewegt, für den Frieden, für das Leben auf die Straßen zu gehen? Alte und Junge demonstrieren in ganz Europa dagegen, daß wir und unsere Nachkommen sinnlos für Ideologien und Interessen verheizt werden sollen.

Wenn eine solche Bewegung sogar mitten aus den alten,

scheinbar angepaßten und eingeschlafenen Kirchen aufbricht, dann möchte man mit Johannes sagen:

>>Und wir haben geschaut
und bezeugen,
daß der Vater den Sohn gesandt hat
als Retter der Welt.<<

Gott kann man nicht sehen. Sehen kann man aber Wirkungen, Bewegungen, die von Gott ausgehen. Die große, die größte Bewegung, die von Gott ausgeht, bewegt sich durch Jesus Christus. In den Friedensbewegungen in West und Ost (ja, auch im Osten: in der DDR z. B. ist die offizielle evangelische Kirche Träger dieser Bewegungen gegen Militarismus und Rüstung!) setzt sich fort, was mit Christus begonnen hat, der gekommen ist als >>Retter der Welt<<. Seine Rettung fällt aber nicht wie ein blaues Wunder vom Himmel herab, sie kommt auch nicht als Geschenk, das uns die Großen dieser Welt machen, sie kommt von unten, von uns her, wenn wir selber uns mitbewegen lassen vom Rettungswerk dessen, den Gott gesandt hat als >>Retter der Welt<<. Sein Rettungswerk heißt heute konkret: Abrüstung anstatt Tod, Frieden anstatt Krieg.

Als sich in Holland fast alle Parteien gegen eine Stationierung atomarer Raketen aussprachen, redeten Politiker und Leitartikler von der >>holländischen Krankheit<<. Die Theologin Dorothee Sölle dagegen sagte: >>Im Augenblick spricht der Heilige Geist holländisch.<<

Und wir? Nein, wir brauchen nicht holländisch zu lernen, um den Geist Gottes zu hören, zu verstehen. Die Bibel ist ja auf Deutsch übersetzt. Die Bergpredigt ist für alle verstehbar, die Seligpreisung Jesu etwa: >>Selig sind die Friedensmacher, denn sie werden Söhne Gottes heißen.<< Oder jenes andere Wort Jesu: >>Ihr habt gehört, daß gesagt ist: ›Du sollst deinen Nächsten lieben und deinen Feind hassen.‹ Ich aber sage euch: Liebet eure Feinde und bittet für die, welche euch verfolgen, damit ihr Söhne eures Vaters in den Himmeln seid!« (Matthäus 5,43–45).

Mag es noch so üblich sein, daß man die Nächsten liebt, die Feinde aber haßt, Gott ist anders als solche Weltüblichkeit! Er ist nie im Haß gegen den Feind, er ist Liebe und will in uns zur Vollendung kommen, u. a. dadurch, daß wir die Feinde zu lieben beginnen.

Gerade wer als Christ zu leben, zu handeln versucht, schafft sich Gegner, sogar Feinde. Das gehört zum Kreuz, das wir in der Nachfolge Christi auf uns nehmen sollen. Nie dürfen wir erwarten, daß unsere Liebe aus Feinden alsbald Freunde macht! Wir sollen vor dem Gegner oder Feind auch gar nicht kapitulieren oder ihm auch dann recht geben, wenn er im Unrecht ist. So etwas hat Jesus nie getan! Er ist bei seiner Sache, bei seinem Glauben geblieben und hat sich dafür kreuzigen lassen. Aber er hat gegen den Haß, der gewiß auch in ihm aufkommen wollte, gekämpft, hat seine Feinde nicht entlassen aus seiner Liebe und noch zuletzt für sie gebetet. Das weist ihn aus als Retter unserer vom Haß so tödlich bedrohten Welt.

> »Und wir haben geschaut
> und bezeugen,
> daß der Vater den Sohn gesandt hat
> als Retter der Welt.«

Und nun gilt es, hinter diesem Retter her unseren eigenen Weg der Liebe zu suchen, mitten durch die Gestrüppe von Haß und Gewalt, mitten durch die Dornen von Feindseligkeit und Vorurteil, aber auch an den Fallen vorbei, die uns die eigene Selbstgerechtigkeit stellt.

Ein schwerer Weg, gewiß! Aber einzig auf ihm bleiben wir in Gott und bleibt Gott in uns. Darum lohnt es sich, diesen Weg täglich wieder unter die Füße zu nehmen, wobei wir oft Erfahrungen machen und Menschen finden können, die uns aufstellen, die uns Hoffnung schenken. So bleiben wir nicht allein auf diesem Weg: »Wenn wir einander lieben, so bleibt Gott in uns. «

Oder wie Luise Rinser es einmal formuliert hat:

>> Mein Leben
hat seine kleine Formel
gefunden:
...
Ich liebe,
also bin ich,
also sind wir,
also ist Gott. «

(22. November 1981)

Wer bekennt,
daß Jesus der Sohn Gottes ist,
in dem bleibt Gott
und er in Gott.
Und wir haben erkannt
und haben geglaubt
die Liebe,
die Gott zu uns hat.
Gott ist Liebe,
und wer in der Liebe bleibt,
der bleibt in Gott,
und Gott bleibt in ihm.
1. Johannes 4,15–16

Wir sind Geschöpfe Gottes, Kinder Gottes. Die Menschheit insgesamt ist die Großfamilie Gottes. Weit herum im Weltall gibt es keine derartige Großfamilie. Die Amerikaner haben eine Sonde zum Mars geschickt nicht zuletzt mit der Erwartung, wenigstens dort, wenigstens auf dem Mars winzige Spuren möglichen Lebens, vielleicht nur erst lebendige Zellen, Ansätze zum Leben zu finden. Aber nichts, rein nichts! Auch auf dem Mars nur Wüste, mit der verglichen die Sahara ein blühender Garten ist.

Soweit unser Wissen und Forschen ins Weltall hinausreicht, sind wir auf unserer Erde die einzige Gottesfamilie weit und breit.

Der große Wissenschaftler und Christ Blaise Pascal hat

im 17. Jahrhundert ausgerufen: »Das ewige Schweigen der unendlichen Räume erschreckt mich.«

Das ist die eine Seite unserer Ausnahmesituation im Weltall: Schrecken darüber, wie allein wir im Kosmos sind.

Die andere Seite dieser Ausnahmesituation hat etwas mit der Weihnachtsbotschaft zu tun, die uns als Menschen anredet, »an denen Gott Wohlgefallen hat« (Lukas 2,14). Das Privileg, auf dieser Erde inmitten einer lebendigen Natur als Menschen leben zu können, entspringt Gottes Wohlgefallen, das sich unseren Planeten ausgesucht hat, um nirgendwo anders als gerade *hier* seine menschliche Großfamilie zu haben, hinlänglich geschützt und abgeschirmt gegen die tödliche Radioaktivität des übrigen Weltraums.

Die Weihnachtsbotschaft von der Zuwendung Gottes zu unserer Erde in Jesus Christus erinnert an diese unsere privilegierte Situation, erinnert daran, daß wir Töchter und Söhne Gottes sind.

Nur eben: die Gottesfamilie auf der schönen Erde ist zerrissen von Spannungen, von Konflikten, wir wissen es; Polen zeigt es auf bedrückende Weise. Wir wissen auch warum: weil wir blind geworden sind für das Privileg, miteinander leben zu dürfen auf diesem Ausnahmegestirn, das Erde heißt. Darum erhebt Gott seine Stimme, eine irdische, uns verständliche Stimme, die Stimme Jesu.

> »Wer bekennt,
> daß Jesus der Sohn Gottes ist,
> in dem bleibt Gott
> und er in Gott.«

In der Welt des Altertums galten Könige und Fürsten als Söhne Gottes. Dahinter stand nicht die Vorstellung einer übernatürlichen Zeugung durch Götter oder durch Gott, schon gar nicht im jüdischen Denken. Der König, das wußte man, war der Sohn irdischer Eltern. »Sohn Gottes«

136

wurde er kraft seiner königlichen Stellung. Ein König galt als Gottes Statthalter, als Gottes Stimme. In diesem Sinn wird auch von Jesus als dem »Sohn Gottes« gesprochen: er ist Gottes irdische Stimme. Das Besondere an ihm aber ist, daß er kein Monarch, sondern ein Mann des Volkes ist. Auf die Armseligkeit, Durchschnittlichkeit seines sozialen Milieus weist ja die Weihnachtsgeschichte ausdrücklich hin. In Jesus wird die Stimme Gottes nicht von der Spitze der sozialen Hierarchie herunter laut, sondern von unten, vom Volk her. Das ist das Besondere, das Außergewöhnliche seiner Gottessohnschaft. Und darin wird Gottes Wohlgefallen an allen Menschen erst so richtig manifest, seine Zuwendung zu uns, deren innerstes Wesen und Motiv eben nicht Herrschaft, sondern Liebe ist:

>> »Denn wir haben erkannt
und haben geglaubt
die Liebe,
die Gott zu uns hat.«

Und noch einmal wiederholt Johannes den Kron- und Leuchtsatz seines Briefes:

>> »Gott ist Liebe ...«

Herrschaftsarroganz wie jetzt in Polen oder anderswo hat mit Gott nichts zu tun! »Gott ist Liebe«: Nur drei Worte! Nie aber werden wir diese drei Worte ausgedacht, zu Ende gedacht haben. Noch weniger werden wir die drei Worte mit unserem Leben und Tun ausschöpfen können. Daß Gott als Liebe existiert, daß seine Macht nichts anderes als die Macht seiner Liebe ist – das ist seine wahre Transzendenz, mit der er uns ewig vorausbleibt, durch die er immer anders bleibt als wir sind. Liebe ist Gottes alleinige Existenzweise. Von uns läßt sich ähnliches nicht sagen. Wir können zwar Liebe haben, können sie aber auch nicht haben. Wir können in der Liebe sein, können aus ihr aber auch wieder weggehen. Bald so, bald anders. Darum müssen wir eben ermahnt werden, in der Liebe zu bleiben:

>Gott ist Liebe,
und wer in der Liebe bleibt,
der bleibt in Gott
und Gott bleibt in ihm.«

Heute kann dieses »In der Liebe bleiben« nicht umfassend genug verstanden werden. Unser Planet Erde in seiner kosmischen Wunderbarkeit ist der materielle Ausdruck der Liebe Gottes. Solange wir Menschen einander bekämpfen und umbringen, stellen wir uns außerhalb dieser Liebe, die uns geschaffen hat. Auch wenn wir die Natur durch Übernutzung kaputt machen, handeln wir der Liebe Gottes zuwider. Es ist ein Warnzeichen, daß die Sahara und andere Wüsten einst fruchtbare, blühende Gegenden waren. Verwüstung durch Menschen hat sie zu Wüsten gemacht.

Wüstengestirne, wo nichts lebt und nichts wächst, gibt es im Weltall aber genug! Es ist nicht unsere Aufgabe, auch die Erde in ein solches Wüstengestirn zu verwandeln. Im Gegenteil: unsere Aufgabe ist es, unseren kostbaren, einzigartigen Planeten zu erhalten und zu bewahren mit allen seinen menschlichen, tierischen und pflanzlichen Lebensformen. In diesem umfassenden Sinne gilt es, das Wohlgefallen Gottes an dieser Erde, an uns Menschen und damit die Aussage des Johannes ernst zu nehmen:

>Gott ist Liebe,
und wer in der Liebe bleibt,
der bleibt in Gott
und Gott bleibt in ihm.«

Die Erde hat ihren Sinn im Kosmos tatsächlich nur darin, ein Planet des Lebens, der Liebe zu sein. »Beispielsweise weiß man heute, daß eine Hasenmutter, die sich in Amerika befindet, heftig geschüttelt wird, wenn man Tausende von Kilometern entfernt in Europa eines ihrer Kinder tötet. Ebenso weiß man, daß die Pflanzen auf die geistige Haltung des Menschen, der sie pflegt oder nicht pflegt, reagieren. Man hat die Aura bestimmter Pflanzen fotografiert, die eine sehr lebendige Realität sind, empfänglich für die Liebe der Menschen, die sie umgeben. Man hat einen Apparat erfunden, der eine hörbare Stimme der Pflanze wiedergibt, die beispielsweise aufschreit, wenn in ihrer Nähe eine andere Pflanze abgebrochen wird.« (Karlfried Graf Dürckheim, Der Weg, die Wahrheit und das Leben. 1981, S. 60).

Erstaunliche Dinge, die bisher einem Weltverständnis, das vorab auf Nutzen und Profit bedacht war, verborgen geblieben sind! Plötzlich zeigt sich, daß die von Johannes verkündete Liebe wohl nicht bloß ein schönes idealistisches Wort ist, sondern vielleicht die wahre, die göttliche Realität, um deretwillen es diese Erde überhaupt gibt, um deretwillen jeder von uns überhaupt lebt. Wer in der Liebe bleibt, der bleibt somit in der Realität. Wer nicht in der Liebe bleibt, verliert sich in Täuschungen und Wahnvorstellungen, die früher oder später zerstörerische, selbstzerstörerische Folgen haben müssen. Darum ruft Johannes zurück zur einzigen Realität, die göttlich, die deshalb auch lebensentfaltend ist:

> »Gott ist Liebe
> und wer in der Liebe bleibt,
> der bleibt in Gott,
> und Gott bleibt in ihm.«

(20. Dezember 1981)

Auch unvollkommene Liebe treibt Furcht aus

> Darin ist die Liebe bei uns
> zur Vollendung gekommen,
> daß wir Zuversicht haben
> am Tage des Gerichts;
> denn wie jener ist,
> so sind auch wir in dieser Welt.
> Furcht ist nicht in der Liebe,
> sondern die vollkommene Liebe
> treibt die Furcht aus,
> denn die Furcht gewärtigt Strafe;
> wer sich aber fürchtet,
> ist noch nicht vollkommen in der Liebe geworden.
> *1.Johannes 4,17–18*

Weihnachten ist vorbei. Jetzt richten sich die Gedanken aufs neue Jahr: Gedanken der Hoffnung, Gedanken der Furcht. Von Furcht, von Zuversicht ist in unserem Text die Rede. Aber von Furcht und Zuversicht in einem radikalen Sinne! Es geht um die Furcht, um die Zuversicht im Blick auf den *Tag des Gerichts*. An diesem Tag wird sich herausstellen, ob Gott zu dem, was wir wollten und lebten, Ja sagt oder ob er dazu Nein sagen muß.

In seinen Seligpreisungen sprach Jesus aus, wer Zuversicht auf Gottes Ja haben darf:

»Glücklich alle, die mit leeren Händen vor Gott stehen« –
denn ihnen gehört Gottes Ja.
»Glücklich alle, die unter der Not der Welt leiden« –
denn leidend leben sie Gottes Bejahung.
»Glücklich alle, die gewaltlos sind« –
denn ihnen wird die Erde gehören.
»Glücklich, wer hungert und dürstet nach der Gerechtigkeit« –
denn sein Hunger und Durst ist auch derjenige Gottes.
»Glücklich, wer barmherzig ist« –
denn auch Gott ist es.
»Glücklich, wer aufrichtig ist in seinem Herzen« –
denn ihm ist Gott aufgegangen.
»Glücklich alle, die Frieden schaffen« –
denn sie gehören zur Gottesfamilie.
»Glücklich alle, die verfolgt werden, weil sie tun, was
Gott will« –
denn ihnen gehört Gottes Zukunft.
(Nach Matthäus 5,3–10)

Diese Selig- und Glücklichpreisungen Jesu nennen Verhaltensweisen, die Zuversicht erzeugen.

Vielleicht ist »Verhaltensweisen« noch ein unzuläng-
liches Wort. Vielleicht wäre es besser, von Gehweisen zu
sprechen, von Weisen, unterwegs zu sein. Jesus will uns
ja auf einen bestimmten Weg bringen. Seine Glücklichpreisungen zeigen diesen Weg, der nicht ins Gericht
führt, weil Gott selber auf ihm mitgeht. Wenn ER aber
mit uns auf dem Wege ist, so sind wir bereits in seinem Ja,
so brauchen wir von Ihm keine Zurückweisung, kein
Nein mehr zu fürchten.

Was Jesus in seinen Glücklichpreisungen aussprach,

faßt Johannes im Wort »Liebe« zusammen. Wer liebt, bleibt mit der universellen Kraft der Liebe Gottes verbunden.

> »Darin ist die Liebe bei uns
> zur Vollendung gekommen,
> daß wir Zuversicht haben
> am Tage des Gerichts;
> denn wie *jener* ist,
> so sind auch *wir* in dieser Welt.«

Zuversicht ist etwas anderes als Optimismus. Der Optimismus hofft auf künftige Erfreulichkeiten, so wie der Pessimismus mit künftigen Unerfreulichkeiten rechnet.

Zuversicht dagegen spekuliert nicht auf zukünftige Erfreulichkeiten oder Unerfreulichkeiten. Sie schöpft ihre Kraft aus der *gegenwärtigen, jetzigen Weggemeinschaft* mit Gott:

> »... denn wie *jener* ist,
> so sind auch *wir* in dieser Welt.«

Jener, d. h. Gott, ist Bewegung auf dem Weg der Liebe. In dem Maße, wie auch wir uns auf diesem Weg begegnen, sind wir mit Gott und ist er mit uns – das erfüllt mit Zuversicht, auch wenn dieser Gottesweg nicht immer ein Freudenweg, sondern oft ein Passionsweg ist.

Folgerichtig fährt Johannes fort:

> »Furcht ist nicht in der Liebe,
> sondern die vollkommene Liebe
> treibt die Furcht aus,
> denn die Furcht gewärtigt Strafe;
> wer sich aber fürchtet,
> ist noch nicht vollkommen in der Liebe geworden.«

Wo Liebe ist, ist Gott und darum keine Furcht – das leuch-

tet ein, das können eigene Erfahrungen bestätigen. Daß
wir aber immer wieder auch die andere Erfahrung machen
müssen, nämlich daß nicht Gott, sondern Furcht in uns ist,
deckt die Tatsache auf, daß wir noch keineswegs vollkommen in der Liebe sind.

In einem Gedicht schreibt Dorothee Sölle:
> »Die vollkommene liebe lese ich in dem buch
> treibt die furcht aus
> solange ich denken kann wollte ich wissen
> was die vollkommene liebe sei und wo sie zu fin-
> den
> und stolperte über meine füße ...«

Das will sagen: stolperte über meine Ängste, die immer
noch da waren oder plötzlich neu dazukamen.

»Und stolperte über meine füße« will aber auch sagen:
ich bin unterwegs, bin auf dem Weg, stolpere zwar über
mich selbst, stolpere aber doch *vorwärts*, weil ich weitergehen, weiterkommen will in der Liebe und das heißt zugleich in der Erfahrung Gottes.

Darum heißt es im gleichen Gedicht weiter:
> »auch die unvollkommene liebe sag ich mir
> treibt und treibt aus«.

Daran, glaube ich, dürfen wir uns halten. Die großen Worte des Johannes von der vollkommenen Liebe sollen uns
nicht entmutigen. »Die vollkommene Liebe«, das ist Gott
selber. Er allein kann die Furcht austreiben, auch die
Furcht vor dem Gericht. Zuweilen und zeitweilig erfahren
wir's ja, diese leuchtende Präsenz Gottes, die die Furcht
vollkommen austreibt. An solchen Erfahrungen dürfen
wir uns orientieren, auch wenn wir sie nur zeitweilig, nur
momenthaft machen. Sie zeigen uns dennoch, worauf wir
zugehen dürfen: auf die volle Gegenwart Gottes, die jede
Furcht auslöscht.

Das erwähnte Gedicht von Dorothee Sölle endet mit einer persönlichen Anrede so:

> »über deine stimme könnte ich zumindest sagen
> daß sie bestimmt ist und warm
> und austreiberisch«

So sollten wir zueinander, miteinander reden wollen, reden lernen: mit einer Stimme, die warm ist und austreiberisch, Furcht und Ängste austreibend. Mit einer Stimme, die bestimmt ist und dennoch Wärme verbreitet, Zuversicht weckt.

Bleibt unsere Liebe auch Stückwerk, ohne alle Furcht austreiben zu können – solange wir mit Gott auf dem Wege sind, können wir stets wieder zeitweilige Austreibungen der Furcht erleben, können durch eigene Wärme und Zuwendung andern die Furcht nehmen.

Auf diese Weise kommen wir miteinander vorwärts, nicht bloß kalendarisch in ein neues Jahr, wir kommen auch menschlich vorwärts und werden Zuversicht haben, nicht erst am Tage des Gerichts, sondern jetzt schon an jedem gewöhnlichen neuen Tag.

(27. Dezember 1981)

Dem Unsichtbaren in den Sichtbaren begegnen

Wir aber wollen lieben,
denn Er hat uns zuerst geliebt.
Wenn einer sagt: Ich liebe Gott,
und dennoch seinen Bruder haßt,
so ist er ein Lügner.
Denn wer seinen Bruder nicht liebt,
den er sieht,
kann Gott nicht lieben,
den er nicht sieht.
Und dies ist das Gebot,
das wir von Ihm haben:
daß, wer Gott liebt,
auch seinen Bruder lieben muß.
1. Johannes 4,19–21

Mitleidig lächeln Skeptiker, die Zyniker nennen es Quatsch, die Hoffnungslosen Schwärmerei, die Enttäuschten wenden sich ab – aber in immer neuen Anläufen redet Johannes von der Liebe.

Was soll das heißen – Liebe? (hat mich einer gefragt), jeder stellt sich darunter etwas anderes vor; Liebe bedeutet alles und nichts, ein beliebig dehnbares Gummiwort, zu nichts zu gebrauchen.

Mir fiel als Antwort nur ein: Aber elastischer Gummi ist für vieles zu gebrauchen! Vielleicht haben wir neben so vielen harten Begriffen und Wörtern, die wir handhaben, die wir einander oft an den Kopf werfen, noch andere

Wörter nötig, die eben elastisch, zugleich aber zähe sind. Von dieser Art ist das Wort Liebe, dem mit scharfkantigen Definitionen, mit festen Rezepten und Vorschriften nicht beizukommen ist.

Liebe ist Phantasie, nämlich Phantasie für den andern. Phantasie kann man weder definieren noch reglementieren. Wohl aber kann man sagen wie hier Johannes:

>Wir aber wollen lieben,
denn Er (= Gott) hat uns zuerst geliebt.«

Ohne Gottes Liebe gäbe es unsere Erde, diesen Planeten vielfältigen Lebens, nicht. Alles, was lebt, ist Schöpfungstat der göttlichen Phantasie. Wenn man an alle die Tiere denkt, die es immer noch gibt: was für eine phantastische Vielfalt! Und erst recht die Menschen, wo jeder wieder anders als der andere ist! Da ist eine ungeheure Phantasie am Werk, die unerschöpfliche Phantasie des Schöpfers, die Phantasie seiner Liebe.

Liebe ist Phantasie für andere, weil sie sich in die Lage anderer hineinfühlen, hineinversetzen will. So auch hat Gott sich in das Leben der Menschen hineinversetzt – und das buchstäblich: er ist Mensch geworden, in Jesus.

Darum schreibt Johannes:

>Wir aber wollen lieben,
denn Er (= Gott) hat uns zuerst geliebt.«

Manchen von Ihnen wird es ähnlich ergehen wie mir: mich bedrückt oft, wie hart, wie böse manche Leute über andere Leute denken und urteilen. Ohne Elastizität, ohne jene Phantasie, die sich in andere hineindenken, hineinfühlen will. Da wird hart, oft sogar primitiv über andere gerichtet, als hätte nie jemand gesagt »Richtet nicht, auf daß ihr nicht gerichtet werdet« (Jesus in Matthäus, 7,1).

Wenn diese richtenden Selbstgerechten einen Glauben

haben, dann muß es ein finsterer, ein sturer Gottesgötze sein, an den sie glauben, nicht der Gott der schöpferischen Phantasie, der uns zuerst geliebt hat.

Psychologisch ist die Selbstgerechtigkeit durchschaubar: sie soll eigene Schwächen verdecken und kompensieren. Selbstgerecht kann nur sein, wer sich selber gegenüber nicht ganz ehrlich ist, wer seine eigenen negativen Seiten auf andere projiziert. Diesen anderen traut man dann all *das* Böse zu, das man in sich selber nicht wahrnehmen will. Darum fordert der Selbstgerechte Einsicht und Eingeständnis stets von den andern, ist selber aber kaum fähig, zuzugeben: Ja, da habe *ich* mich geirrt; ja, da war *ich* im Unrecht, es tut mir leid, verzeih'!

Nun könnte man sagen: Im Grund sind diese Selbstgerechten arme Kerle. Ihre Verdrängungen können einem leid tun.

Schlimm ist nur, daß auf dem Boden der Selbstgerechtigkeit oft Haß wächst, Haß gegen andere, die sich anders verhalten.

Wer aber im Haß landet, der hat Gott verloren.

Johannes sagt es so:

>»Wenn einer sagt: Ich liebe Gott,
> und dennoch seinen Bruder haßt,
> so ist er ein Lügner.
> Denn wer seinen Bruder nicht liebt,
> den er sieht,
> kann Gott nicht lieben,
> den er nicht sieht.«

Wer sich schon ärgert über das Aussehen, über die Kleidung eines Mitmenschen – wie kann der Gott lieben, den er nicht sieht, von dem er nicht weiß. wie er aussieht, wie er daherkommt?

Wer sich aufregt über die Ansichten oder über die Lebensweise von andern – wie kann der Gott lieben, den er nicht sieht, denen Christus aber mit seinen Ansichten, mit seiner Lebensweise ebenfalls Unmut und Ärgernis erregt hat? Und so weiter.

Man kann dieses Wort in immer neuen Varianten durchdenken, durchspielen:

> »Denn wer seinen Bruder nicht liebt,
> den er sieht,
> kann Gott nicht lieben,
> den er nicht sieht.«

Johannes stellt sich dem Trick entgegen, mit dem wir uns selbst so gerne betrügen. Es ist oft eben leichter, etwas zu lieben, was man nicht sieht, als einen Menschen zu lieben, den man sieht. Was man nicht sieht, kann man sich nach eigenen Wünschen zurechtdenken, zurechtformen. So machen wir's oft mit Gott. Wir stellen ihn uns so vor, daß er gut in unseren eigenen Kram paßt. Plötzlich ist dieser Gott dann nur noch eine überlebensgroße Ausgabe unseres eigenen Ego, des eigenen Ichs. Solche Verschmelzungen Gottes mit dem eigenen Ich sind wohl auch die Ursache aller Selbstgerechtigkeit. Aber eben: es handelt sich ja um einen Trick, mit dem wir uns betrügen. Wir reden zwar noch von Gott, doch ist es gar nicht mehr Gott, sondern das eigene überlebensgroße Ich.

Solchem Selbstbetrug stellt Johannes sein Wort vom sichtbaren Mitmenschen in den Weg. An ihm muß sich die Liebe zum unsichtbaren Gott bewähren. An ihm, dem konkreten lebendigen Bruder, der konkreten lebendigen Schwester!

> »Und dies ist das Gebot,
> daß wir von Ihm (= Gott) haben:
> daß, wer Gott liebt,
> auch seinen Bruder lieben muß.«

Noch anders formuliert: Gott bleibt unsichtbar, damit wir von ihm kein anderes Bildnis mehr haben als die Mitmenschen, die wir sehen. So heißt es im Kolosserbrief zunächst von Christus, er sei »das Ebenbild des unsichtbaren Gottes« (1,15). Und Christus wiederum sagt: »Was ihr einem dieser geringsten unter meinen Brüdern getan oder nicht getan habt, das habt ihr mir getan oder nicht getan.« (Matthäus 25, 40 und 45). Und von da aus hat einer der frühen Kirchenväter den Satz geprägt: »Siehst du deinen Bruder, so siehst du deinen Gott.« Das ist natürlich verkürzt geredet. Immerhin müßte es auch noch heißen: »Siehst du deine Schwester, so siehst du deinen Gott.« Und selbstverständlich ist nicht der Mitmensch unser Gott. Doch er soll, er kann uns Gott vergegenwärtigen.

Gott, der Liebe ist, kommt darin zu seinem Ziel, daß er unsere Liebe nicht für sich beansprucht. Er will, daß unsere Gottesliebe eins wird mit der Liebe zum Nächsten, zum Fremdling, zum Feind. So können wir Gott also nie am Mitmenschen vorbei lieben, denn:

> »Dies ist das Gebot,
> daß wir von Ihm haben:
> daß, wer Gott liebt,
> auch seinen Bruder lieben muß.«

(10. Januar 1982)

Unser Glaube

Gebet

Noch bevor wir Dich suchen, Gott,
warst Du bei uns.
Wenn wir Dich als Vater anrufen,
hast du uns längst schon wie eine Mutter geliebt.
Wenn wir »Herr« zu Dir sagen,
gibst Du Dich als Bruder zu erkennen.
Wenn wir Deine Brüderlichkeit preisen,
kommst Du uns schwesterlich entgegen.
Immer bist Du es,
der uns zuerst geliebt hat.
Darum sind wir jetzt hier,
nicht weil wir besonders gut und fromm wären,
sondern weil Du Gott bist
und weil es gut ist, Dir nahe zu sein. Amen

Jeder, der glaubt,
daß Jesus der Christus ist,
ist aus Gott gezeugt,
und jeder,
der den Erzeugenden liebt,
liebt auch den,
der aus ihm erzeugt ist.
Daran erkennen wir,
daß wir die Kinder Gottes lieben,
wenn wir Gott lieben
und seine Gebote tun.

Denn dies ist die Liebe zu Gott,
daß wir Seine Gebote halten.
Und seine Gebote sind nicht schwer.
Denn alles,
was aus Gott gezeugt ist,
besiegt die Welt.
Und dies ist der Sieg, der die Welt besiegt hat:
Unser Glaube.
Wer ist aber der,
der die Welt besiegt,
wenn nicht der, der glaubt,
daß Jesus der Sohn Gottes ist?
1. Johannes 5,1–5

Johannes mit seinem Brief von der Liebe löst offenbar auch
Erschrecken, auch Widerspruch aus. Jedenfalls habe ich
solche Stimmen gehört, fragende Stimmen: Aber wie kann
man alle Mitmenschen lieben? Und das Eingeständnis: Es
gibt doch Menschen, es gibt doch Feinde, die ich nicht
lieben kann, die ich nicht einmal lieben will!

So geht es mir auch, genauso. So ist es möglicherweise
auch Johannes ergangen.

Nun nimmt Johannes aber nicht sich selbst als Maßstab
und Richtschnur. Er verkündet einen Glauben, der sich
nicht an uns, sondern an Jesus orientiert.

»Jeder, der glaubt,
daß Jesus der Christus ist,
ist aus Gott gezeugt ...«

Glauben, daß Jesus der Christus ist, heißt unter anderem:
glauben, daß er die Kraft ist, die uns befähigt, noch über
uns hinaus zu werden, anstatt in uns selber gefangen und
blockiert zu bleiben.

Wer glaubt, daß Jesus der Christus ist, »ist aus Gott gezeugt«, d. h. er wurzelt in Gott. Aus diesen Gotteswurzeln strömen uns neue Kräfte der Verwandlung, der Liebe zu, die wir sonst tatsächlich nicht hätten.

>>... und jeder,
der den Erzeugenden liebt,
liebt auch den,
der aus ihm erzeugt ist.
Daran erkennen wir,
daß wir die Kinder Gottes lieben,
wenn wir Gott lieben
und Seine Gebote tun.<<

Konkret geht es an dieser Stelle um die Beziehung von Gemeindegliedern untereinander. Daß wenigstens *sie* einander gern haben, sollte selbstverständlich sein, ist es aber nicht. Niemand weiß das besser als Johannes, der es ja mit bitterem Streit, mit Spaltung in der Gemeinde selbst zu tun hatte.

Es ist schon eine abgründige Sache, daß es zuweilen leichter ist, Gegner oder Feinde zu lieben als einen Mit-Gläubigen.

Anläßlich seines 90. Geburtstages hat Martin Niemöller jüngst gesagt, mehr als während 7 Jahren Haft unter den Nazis habe er später unter der Kirche gelitten. Ein erschreckendes Wort! Zumal es ein Insider sagt, der jahrelang Kirchenpräsident von Hessen gewesen ist. Die anpasserische, reaktionäre Kleinmütigkeit vieler und oft maßgeblicher Christen muß Niemöller schwer zugesetzt haben, sonst hätte er so etwas nicht sagen können.

Doch auch wenn wir auf den schauen, an dem wir uns orientieren wollen, auf Jesus, unseren Christus, so sehen wir, daß er in heftigsten Konflikt gerade mit jüdischen Glaubensgenossen gekommen ist. Seine unerschrocken-

sten Attacken und Beschimpfungen galten den Schriftge-
lehrten und den Pharisäern, also den anerkannten und ty-
pischen Wortführern seiner eigenen Religion. Seine Hin-
richtung ist dann ja auch mit ihrer Beihilfe zustandege-
kommen.

Gerade unter Glaubensgenossen können oft also
schwerste Konflikte ausbrechen, gegen die bloß gutge-
meinte Mahnungen leider wenig ausrichten. Das weiß
auch Johannes. Deswegen setzt sein Appell nicht an bei
unserer gewöhnlichen Liebesfähigkeit oder Liebesunfä-
higkeit. Nur der dauernde Blick auf Gottes Ungewöhn-
lichkeit hebt uns aus unserer Gewöhnlichkeit heraus.

»Daran erkennen wir,
daß wir die Kinder Gottes lieben,
wenn wir *Gott* lieben
und Seine Gebote tun.«

Wenn wir auf uns selber, auf unsere Welt oder die weltför-
mige Kirche schauen, so ist nicht einzusehen, weshalb gerade die Liebe von uns gefordert sein soll. Soweit wir blik-
ken, regiert nicht Liebe, sondern herrscht der Kampf aller
gegen alle, in dem die Starken obsiegen, die Schwachen
unterliegen. Was wir hören, was wir sehen, sind meist
nicht Äußerungen der Zuneigung und des Verständnisses,
sondern des Vorurteils und des Hasses.

Nein, daß die Liebe wichtiger ist als jede andere Verhal-
tensweise, daß sie heute unsere einzige noch mögliche Rettung ist, das versteht sich nirgends von selbst, das kann nur
verstehen, wer auf Gottes ganz andere Stimme hört, wer
sich an seine radikale Liebe hält, die in Jesus Mensch geworden ist.

Und dies »ist die Liebe zu Gott,
daß wir Seine Gebote halten.
Und Seine Gebote sind nicht schwer.«

Seine Gebote, wir wissen es, sind zusammengefaßt im Gebot der Liebe erstens zum Nächsten, zweitens zum Fremdling und drittens zum Feind. In ihren verschiedenen Formen, mit ihren verschiedenen Adressaten ist solche Liebe ganz schön schwer. Sie verlangt Selbstkorrektur, Selbsterkenntnis, Selbstüberwindung. Wie kann Johannes da behaupten, Gottes Gebot sei »nicht schwer«?

Meint er vielleicht, das Gebot sei nicht kompliziert, nicht schwer verständlich? Das wohl auch. Es geht ja immer um das EINE Gebot der Liebe.

Vor allem will Johannes aber wohl sagen: Wenn wir zutiefst glauben, daß Gott selber Liebe ist, dann fallen uns die Liebesgebote nicht mehr so schwer, wie sie uns eben schwer fallen müssen, solange wir nur mit uns selber, nur mit den gängigen Verhaltensweisen rechnen.

> »Denn alles,
> was aus Gott gezeugt ist,
> besiegt die Welt.
> Und dies ist der Sieg, der die Welt besiegt hat:
> Unser Glaube.«

Der Glaube richtet sich also nicht mehr nach dem, was gängig und üblich ist in der Welt. Er richtet sich nach Gott, der anders, der seinem Wesen nach Liebe ist. Unglaube paßt sich der Welt, der Glaube dagegen paßt sich Gott an. Gott aber ist kein Wunsch- und kein Phantasiebild, er hat ein menschliches Gesicht, hat menschliches Leben angenommen im Nazarener, an dem wir ablesen, von dem wir abhören können, was Glaube, was Liebe ist inmitten einer Welt des Nicht-Glaubens, der Nicht-Liebe.

> »Wer ist aber der,
> der die Welt besiegt,
> wenn nicht der, der glaubt,
> daß Jesus der Sohn Gottes ist?«

Neulich hatte ich ein gutes Gespräch mit jemandem, der aus der Kirche austreten will. Er gestand, nicht mehr an eine Zukunft glauben zu können. So wie die Dinge jetzt liefen, täten wir alles, um unsere Selbstvernichtung herbeizuführen, sei es durch ökologische Katastrophen, sei es durch irrsinnige Überrüstung. Mit der Kirche hat das für den erwähnten Mann insofern zu tun, als er zur Einsicht gekommen ist, daß an dieser ganzen Entwicklung das Christentum aktiv mitbeteiligt sei, man brauche zur Zeit ja nur zu sehen, wie gerade Christen in den Vereinigten Staaten und anderswo sich für noch mehr Rüstung, für noch weniger Umweltschutz stark machen.

Was soll man dazu sagen? Der Mann hat leider recht, er sieht die Dinge realistisch.

Unsere Welt wäre schon jetzt wohl verloren, samt uns Christen, samt unseren Kirchen, wenn nicht Gott noch immer ihr innerstes Geheimnis wäre, wenn seine unbegreifliche Liebe unserem blinden Selbstvernichtungsdrang nicht immer noch die Stange hielte. Wie lange noch? Auf Dauer wird Gott unser Heil nicht gegen uns erzwingen wollen. Das ist nicht *seine* Art zu siegen. Der Sieg, auf den er ausgeht, ist Zustimmung und Mitarbeit, unser Glaube also, der aktiv wird in der Nachfolge Jesu Christi.

»Und dies ist der Sieg, der die Welt besiegt hat: Unser Glaube.«

Gebet

Gott unseres Lebens,
    in der Verborgenheit unserer Gedanken und Befürchtungen sind wir angstvoller, als wir zugeben wollen.
    Aber im Schrei Deines Sohnes am Kreuz ist alles Leid dieser Welt ausgerufen worden:

- das Leid, das Hunger, Verfolgung und Krieg unter die Menschen bringen;
- das Leid, das Einsamkeit, Unverstandensein und Ausgestoßensein heißen kann;
- das Leid, keine Zukunft mehr vor sich sehen zu können.

Noch hat uns der Schrei des Gekreuzigten aber zu wenig erschüttert, zu wenig verändert, darum fahren wir fort, einander Leid zuzufügen, an den Leidenden vorbeizudenken, vorbeizugehen.

Hilf uns doch, Du Gott des Lebens und des Erbarmens, damit wir mit Christus auferstehen, damit wir mit ihm zu leben und zu schreien anfangen gegen die Erbarmungslosigkeit angeblicher Sach- und Vernichtungszwänge, die Dich verleugnen und uns bedrohen.

Erleuchte und motiviere uns durch das Licht, das in Jesus Christus aufgegangen ist mitten in unserer verlorenen Welt. Amen.

(7. Februar 1982)

Dieser ist's,
der gekommen ist durch Wasser und Blut,
Jesus Christus.
Nicht im Wasser allein,
sondern im Wasser *und* Blut.
Und der Geist ist es,
der dafür Zeugnis ablegt,
denn der Geist ist die Wahrheit.
Denn die drei nämlich sind es,
die Zeugnis ablegen:
der Geist und das Wasser und das Blut;
und die drei sind eins.
Wenn wir schon das Zeugnis von Menschen an-
nehmen,
so ist das Zeugnis Gottes noch größer.
Denn darin besteht das Zeugnis Gottes,
daß Er Zeugnis abgelegt hat von Seinem Sohn.
Wer an den Sohn Gottes glaubt,
hat das Zeugnis in sich.
Wer Gott nicht glaubt,
hat Ihn zum Lügner gemacht,
denn er hat nicht an das Zeugnis geglaubt,
das Gott über Seinen Sohn abgelegt hat.
1.Johannes 5,6–10

Ich weiß, dieser Text hört sich schwierig und umständlich
an. Dennoch ist die Aussage einfach: Christ ist, wer sich an
Christus orientiert, hinter dem Gott selber steht.

Aber das Wort »Christus« ist keine Leerformel ohne Inhalt. Gemeint ist der konkrete Mensch Jesus, ist alles, was *er* gesagt, gelebt, gelitten hat in der Zeit seiner öffentlichen Wirksamkeit. Und diese Zeit seines öffentlichen Wirkens umspannt Johannes mit den Wörtern »Wasser« und »Blut«. Mit Wasser, nämlich mit einer Tauchtaufe im Jordan hat das öffentliche Auftreten Jesu begonnen. Mit Blut, nämlich am Kreuz, hat es geendet. Was innerhalb dieser einjährigen oder höchstens dreijährigen Frist von Jesus verkündet, gelebt, erlitten worden ist, das ist *die* Wahrheit, an der wir uns orientieren können.

> »Dieser ist's,
> der gekommen ist durch Wasser und Blut,
> Jesus Christus.
> Nicht im Wasser allein,
> sondern im Wasser und im Blut.
> Und der Geist ist es,
> der dafür Zeugnis ablegt,
> denn der Geist ist die Wahrheit.«

Selbstverständlich meint Johannes mit »Geist« den Geist Gottes. Er ist's, der die Wahrheit der Verkündigung und des Lebens Jesu bezeugt. Wahrscheinlich denkt Johannes dabei an jene Stimme, die bei der Taufe Jesu aus den Himmeln sprach: »Dies ist mein geliebter Sohn, an dem ich Wohlgefallen habe.« (Matthäus 3,17). Ebenso aber denkt er wohl an das Ostergeschehen und an die Pfingstereignisse, mit denen Gott sich von neuem zum abgelehnten und hingerichteten Jesus bekannt hat.

> »Wenn wir schon das Zeugnis von Menschen annehmen,
> so ist das Zeugnis Gottes noch größer.
> Dann darin besteht das Zeugnis Gottes,
> daß Er Zeugnis abgelegt hat von Seinem Sohn.«

Christlich also ist eine Kirche, christlich sind Menschen dann, wenn sie auf dieses Zeugnis Gottes hören und ihr Denken, ihr Verhalten an *der* Wahrheit orientieren, die Jesus Christus heißt.

Das gilt auch von der Aktion »Brot für Brüder«, die mit dem heutigen Sonntag ihre Aktivität 1982 für die kirchliche Entwicklungshilfe auch in unserer Gemeinde wiederum aufnimmt. Hieß das Leitwort letztes Jahr »Frieden wagen«, so jetzt: »Frieden wagen – Schritte tun«.

Schritte werden vom Gehirn gesteuert. Das Gehen beginnt im Kopf. Es beginnt damit, daß wir das Wort »Frieden« im Kopf haben, im Kopf behalten und uns nicht irre machen lassen durch jene, die allein schon dieses Wort verdächtigen und schlecht machen wollen. Es stimmt zuversichtlich, daß auch unsere Parteien jetzt merken, daß es nicht genügen kann zu sagen: Unsere Friedensbewegung, unser Friedensbeitrag ist die Landesverteidigung. Die Armee braucht's, um unsere Sicherheit in kleineren Kriegen zu garantieren. Was aber droht, ist ein großer Krieg, der ganz Europa vernichten könnte. Zu diesem Krieg gibt es nur eine Alternative, nämlich Frieden. Wir müssen uns heftig Gedanken darüber machen, wie ein solcher Friede neu hergestellt und glaubwürdig gestärkt werden kann. Gerade wir Christen sind hier gefordert, und es stimmt wiederum zuversichtlich, wie mutig sich derzeit die Christen in der DDR für Entmilitarisierung im eigenen Land, für Abrüstung auch der Warschaupaktstaaten, für ein atomwaffenfreies Europa einsetzen.

Eine Kirche, die sich an Christus orientiert, kann in der Tat nicht anders, sie muß – wie eben die Kirche in der DDR – Frieden wagen, sie muß Schritte zu tun versuchen aus Völkerverhetzung und Militarisierung heraus, auf Völkerverständigung und Abrüstung hin. Als Christen dürfen

wir nicht nachlassen, angesichts monströser Rüstungsauf-
wendungen an den Hunger in der Welt zu erinnern, anstatt
noch mehr Waffen mehr »Brot für Brüder« zu verlangen
und der Kriegsstrategie Strategien des Friedens entgegen-
zusetzen.

Erste Schritte in dieser Richtung tun wir immer dann,
wenn wir uns zu bemühen beginnen, Konflikte in der eigenen Familie, Konflikte in unserer näheren und weiteren
Umgebung gewaltfrei austragen zu helfen – ohne die ver-
steckte Gewalt der Rechthaberei, des autoritäten Zwan-
ges, der Verunglimpfung.

Wer sich an Christus orientiert – und dazu ruft unsere
Bibelstelle auf –, für den kann Friede kein verdächtiges
Wort sein. Im Gegenteil: »Friede«, Schalom, ist ein
Schlüssel- und Zentralwort der Bibel!

Wer sich an Christus orientiert, für den kann auch »Pazifist« kein Schimpfwort sein. Christus ist selber Pazifist
gewesen und hat gesagt: »Glücklich die Pazifisten, die
Friedensmacher, denn sie werden Söhne Gottes heißen!«
(Matthäus 5,9).

Gott hat für diesen Pazifisten Zeugnis abgelegt, hat ihn
beglaubigt durch die Auferweckung von den Toten, durch
die Ausgießung seines Geistes an Pfingsten. Gott selber
hat abgerüstet, hat die alten Wunderwaffen seiner himmlischen Heere, hat die Könige und Soldaten seiner irdischen
Heere aufgegeben und ist in Jesus ein Mensch geworden,
der ohne Waffen, ohne Rüstung für den Frieden auf Erden
lebt und agitiert.

Daraufhin gilt es, die Mahnung des Johannes zu hören,
zu bedenken:

> »Wer an den Sohn Gottes glaubt,
> hat das Zeugnis (seines Geistes) in sich.
> Wer Gott nicht glaubt,

hat Ihn zum Lügner gemacht,
denn er hat nicht an das Zeugnis geglaubt,
das Gott über Seinen Sohn abgelegt hat.«
Dieses Zeugnis Gottes für Seinen Sohn macht uns Mut,
Schritte des Friedens zu tun, Pazifisten im biblischen Sinne
zu werden.

Eine andere Hoffnung gibt es nicht – heute nicht mehr.

(28. Februar 1982)

Auferstehungsökologie

Und dies ist das Zeugnis,
daß Gott uns das ewige Leben gegeben hat,
und dieses Leben ist in Seinem Sohne.
Wer den Sohn hat,
der hat das Leben.
Wer den Sohn Gottes nicht hat,
hat das Leben nicht.
Dieses habe ich euch geschrieben,
damit ihr wißt,
daß ihr das ewige Leben habt,
ihr,
die ihr an den Namen des Sohnes Gottes glaubt.
1. Johannes 5,11–13

Leben ist ein zeitliches Geschehen, das für uns Menschen mit Zeugung und Empfängnis beginnt und mit dem Tode endet. Neben uns, mit uns leben auch Tiere aller Art, Pflanzen aller Art. Mit ihnen leben wir in Beziehung und Zusammenhang, darum spricht man von einem Haus, griechisch Oikos, und davon abgeleitet ist das Wort Ökologie, welches besagt, daß alles Lebendige mit allem Lebendigen zusammenhängt, eben wie eine Hausgemeinschaft.

Der Zusammenhang von allem Lebendigen mit allem Lebendigen hat aber noch eine weitere Dimension, weil Gott sich selber, sein ewiges Leben, in diesen Lebenszusammenhang hineingegeben hat.

»Und dies ist das Zeugnis,
daß Gott uns das ewige Leben gegeben hat,
und dieses Leben ist in Seinem Sohne.«
Gott allein hat ewiges Leben.

Wir nicht, sofern ewig bedeuten soll: ohne Anfang, ohne Ende. Wir haben einen Anfang, darum haben wir auch ein Ende.

Meint »ewig« aber wirklich DAS: ein anfang- und endloses Leben? Das wäre denn doch eine allzu quantitative Definition. »Ewiges Leben« scheint mir etwas anderes zu sein als bloß unermeßliche Quantitäten von Zeit. »Ewiges Leben« bezeichnet Qualität, meint die Qualität von Gott selbst. Diese Qualität Gottes ist in unserem Brief kurz und genau formuliert worden: »Gott ist Liebe.« (4,8.16)

Hier heißt es nun: Gott hat uns sein eigenes ewiges Leben gegeben in Seinem Sohne. Die relativ kurze Zeit, die Jesus gehabt hat, *genügte*, um dieses ewige Leben Gottes, d. h. seine Liebe, zu leben und weiterzugeben, so daß jetzt also gesagt werden kann:
»Wer den Sohn hat,
der hat das Leben.
Wer den Sohn nicht hat,
hat das Leben nicht.«
Ich weiß, das tönt nach Aneignung und Besitz: »... den Sohn HABEN.« Wir können Christus natürlich nicht besitzen, nicht »haben« wie ein Möbelstück oder ein Wertpapier. Dennoch hat die Wahl des Wörtleins HABEN hier einen guten Sinn, weil es die Gegenwärtigkeit des ewigen Lebens unterstreicht:

JETZT beginnt das ewige Leben für uns – oder es beginnt nie mehr, auch nicht nach dem Tode.

JETZT können wir Liebe als Lebensqualität leben – nach dem Tode ist es zu spät.

JETZT will uns Christus »Anführer des Lebens« (Apostelgeschichte 3,15) sein, sonst verpassen wir das Leben sowohl vor wie vielleicht auch nach dem Tode.

Dieses JETZT drückt Johannes mit den Worten aus:

>> »Wer den Sohn hat,
der hat das Leben.
Wer den Sohn nicht hat,
hat das Leben nicht.«

Dieses JETZT verkündet auch die Botschaft von der Auferweckung Jesu am dritten Tag nach seiner Kreuzigung. Das war keine Auferweckung in ferne jenseitige Ewigkeiten. Es war Auferweckung ins JETZT und HEUTE seiner Anhänger, es ist Auferweckung immer wieder in unsere jeweilige Gegenwart, so daß wir zusammen mit ihm auferstehen können:

>> »Manchmal stehen wir auf
Stehen wir zur Auferstehung auf
Mitten am Tage
Mit unserem lebendigen Haar
Mit unserer atmenden Haut.
Nur das Gewohnte ist um uns.
Keine Fata Morgana von Palmen
Mit weidenden Löwen
Und sanften Wölfen.
Die Weckuhren hören nicht auf zu ticken
Ihre Leuchtzeiger löschen nicht aus.
Und dennoch leicht
Und dennoch unverwundbar
Geordnet in geheimnisvolle Ordnung
Vorweggenommen in ein Haus aus Licht.«

So vielleicht, poetisch formuliert von Marie Luise Kaschnitz.

Das Geheimnis dieser und jeder Auferstehung heißt auf

jeden Fall Liebe, heißt Zuwendung zueinander. Darin lebt Gott sein ewiges Leben mit und mitten unter uns. Und weil sein ewiges Leben, die Liebe, Zeit und Mensch geworden ist in Christus, kann das Wort »Liebe« nicht mehr beliebig mißverstanden, nicht mehr beliebig verharmlost werden: Liebe ist Militanz, Liebe heißt Leiden und Leidenschaft für die Gerechtigkeit, heißt Parteilichkeit für die Elenden und Rechtlosen. Liebe ist darum immer auch Kampf und Leiden als Nachfolge des kämpfenden und leidenden Christus.

Liebe als ewiges Leben ist heute z. B. der Aufstand und Aufmarsch für den Frieden und gegen den Overkill.

Liebe als ewiges Leben ist z. B. auch die Auferstehung der biblischen Parole »Schwerter zu Pflugscharen« in der DDR. Aber »Schwerter zu Pflugscharen« heißt auch eine Gruppe in den USA, zu der die bekannten Katholiken und Priester, die Brüder Berrigan gehören, die in eine Rüstungsfabrik eingedrungen sind und zwei Atomsprengköpfe mit Hämmern zerstört haben. Natürlich geht so etwas nicht. Natürlich folgten in der DDR und in den USA Verbote und Strafen auf dem Fuß. Aber auch die Auferstehung Jesu wäre eigentlich nicht erlaubt gewesen. Darum ist das Grab versiegelt und sind Schildwachen davor postiert worden.

Doch Gottes ewiges Leben läßt sich durch behördliche Vorkehrungen oder Sanktionen nicht ersticken und begraben. Immer wieder drängt es hinein in unser zeitliches Leben, um es aus allerlei Erstarrungen aufzubrechen, um es zu öffnen. Ewiges und zeitliches Leben durchdringen einander, seit Jesus in die Welt gekommen und in diese Welt auch auferstanden ist. So wie alles Lebendige mit allem Lebendigen zusammenhängt, hängen nun auch ewiges und zeitliches, göttliches und menschliches Leben zusammen – das ist die Auferstehungsökologie!

»Wer den Sohn hat«, der hat im zeitlichen zugleich das ewige Leben. Darum Johannes:

»Dieses habe ich euch geschrieben,
damit ihr wißt,
daß ihr das ewige Leben habt,
ihr,
die ihr an den Namen des Sohnes Gottes glaubt.«

Nehmen wir das doch ernst, jetzt an diesem Ostertag: Wir HABEN das ewige Leben, Gott GIBT es uns! Wir können uns deshalb mit ganzer Liebe und Kraft dem zeitlichen Leben zuwenden, miteinander, füreinander, als Gemeinde des Auferstandenen, als lebendige Gemeinschaft gegen die Herrschaft des Todes und des Tötens.

Daraufhin können wir fröhlich zur Auferstehung aufstehen:

»Mitten am Tage
Mit unserem lebendigen Haar
Mit unserer atmenden Haut.«

(Ostern, 11. April 1982)

Das Leben geben

Und *dies* ist die Zuversicht,
die wir von Ihm haben,
daß, wenn wir um etwas bitten nach Seinem Willen,
Er uns hört.
Und wenn wir wissen,
daß Er uns hört,
wenn wir um etwas bitten,
so wissen wir,
daß wir *die* Bitten haben,
welche wir von Ihm erbaten.
Wenn einer seinen Bruder sündigen sieht,
eine Sünde nicht zum Tode,
so wird er für ihn bitten
und ihm das Leben geben –
denen, die nicht zum Tode sündigen.
Es gibt eine Sünde zum Tode.
Über diese sage ich nicht, daß er bitte.
Jede Ungerechtigkeit ist Sünde.
Und es gibt Sünde zum Tode.
1. Johannes 5,14–17

Es geht in diesem Text ums Beten, und dabei gibt Johannes noch ein Rätsel auf: Was ist wohl gemeint mit der Unterscheidung von Sünde zum Tod und von Sünde *nicht* zum Tod?

Doch gehen wir der Reihe nach.

Nicht alles Beten ist ein Bitten. Es gibt Dankgebete,

Lobgebete, es gibt meditatives Beten, es gibt ein Beten ohne Worte, es gibt eine Anbetung, die nichts sein will als nur eben Anbetung. Eine Tänzerin sagte einmal, mit Worten könne sie nicht, sie könne nur mit dem Körper beten. Es gibt Gebete, die bloß aus einem Seufzer bestehen. Oder aus einem lautlosen Schrei. Oder einfach aus dem Wort »Du«. Einen solchen Beter hat Jean Paul einmal so geschildert: »Darauf sah er gen Himmel, nannte Gott zweimal du und schwieg lange.«

Man darf sich also nicht einreden, Beten heiße, schöne, wohlgesetzte Wörter und Sätze artikulieren. Wer das nicht könne, der könne überhaupt nicht beten. Was heißt schon »beten *können*«? Wir können es wohl alle nicht.

Was ist Beten überhaupt? Am meisten leuchtet mir der Satz eines ostjüdischen Rabbi ein: »Beten heißt an Gott haften.« An Gott haften wie Efeu an einem Baum, an einer Mauer haftet, mit allen Kräften und Säften, mit Geist und Sinnen, in Hoffnung oder Verzweiflung. Alles ist möglich, alles ist erlaubt, alles wird Gebet, was dieses »Haften an Gott« bewirkt oder ausdrückt.

Dennoch kommt Beten von Bitten. Das »Haften an Gott« gibt Zuversicht gerade auch zum Bitten.

> »Und dies ist die Zuversicht,
> die wir zu Ihm haben,
> daß, wenn wir um etwas bitten nach Seinem Willen,
> Er uns hört.«

So heißt es hier: Gott hört. Und nicht: Er erhört – im Sinne von: er erfüllt umgehend, was wir bitten. Gebet ist Gespräch mit Gott. In einem Gespräch kann man auch Törichtes sagen, es macht nichts, das Gespräch geht ja weiter und korrigiert, was töricht war. So ist wohl manches töricht, ist manches kurzsichtig, was wir erbitten – und hinterher kann man Gott nur danken, daß er uns zwar gehört, nicht aber er-hört hat.

Hauptsache ist, daß Gott uns hört und daß wir daraufhin Lust und Mut bekommen, mit ihm zu reden, ihn auch mit unseren Wünschen und Bitten zu belästigen.

>»Und wenn wir wissen,
daß Er uns hört,
wenn wir um etwas bitten,
so wissen wir,
daß wir *die* Bitten haben,
welche wir von ihm erbaten.«

Johannes rechnet also damit, daß das Beten uns verändert, bis wir an jenen Punkt kommen, wo unser Bitten sozusagen einschwingt in Gottes Willen. Das kann unter Umständen ein langer Prozeß der inneren Wandlung sein, das kann über viel Zweifel und Verzweiflung auch am Sinn des Betens und Bittens führen, so daß wir nicht mehr wissen, *was* eigentlich wir beten sollen, bis wir zuletzt auch um das Beten nur noch bitten, ums Bitten nur noch beten können.

Einer, der diesen Weg des Zweifelns und Betens gegangen ist, war im 17. Jahrhundert der Mathematiker und Denker Blaise Pascal. Er ist dabei schließlich zur folgenden, inzwischen bekannt gewordenen Gebetsformulierung gekommen:

»Gott,
ich erbitte von Dir nicht Gesundheit, nicht Krankheit, nicht Leben, nicht Tod,
sondern daß Du
über meine Gesundheit und über meine Krankheit,
über mein Leben und meinen Tod
verfügst zu Deiner Ehre.«

169

Eigentlich will Johannes aber auf ein anderes Bitten hinaus: Nicht auf das Bitten für uns selbst, sondern auf das Bitten für andere. Das wichtigste Gebet ist ihm die Fürbitte, vor allem die Fürbitte für fehlbare Mitchristen:

>>Wenn einer seinen Bruder sündigen sieht,
eine Sünde nicht zum Tode,
so wird er für ihn bitten
und ihm das Leben geben –
denen, die nicht zum Tode sündigen.<<

Fürbitte ist liebende Zuwendung, inneres Begleiten des andern, ist Mit-denken, Mit-leiden, das vor Gott zur Fürsprache für den anderen wird. Johannes braucht ein ganz starkes Wort, wenn er schreibt, bitten für den fehlbaren Mitchristen heiße *>>ihm das Leben geben<<*. Wer den andern, gerade wenn er schuldig geworden ist, einbezieht ins eigene Denken, Fühlen, Beten, bezieht ihn damit auch ein in die Lebensgemeinschaft der christlichen Gemeinde, läßt ihn also nicht fallen, schließt ihn nicht aus, stößt ihn nicht zurück, sondern *>>gibt ihm das Leben<<*. Fürbitte ist Bejahung des andern, ist dadurch Lebensspende, weil sie gerade auch den Schuldigen und Verlorenen wieder heimholt in den Lebensstrom, der Gott und seine Gemeinde verbindet.

Vielleicht sollten wir Christen das Problem der von Unruhe bewegten Jugend auch einmal unter diesem Aspekt sehen. Gewiß ist da manches, was uns nicht gefallen kann, was wir auch nicht gutheißen können. Doch einfach barsch zu erklären, wie es der Vorstand unseres Quartierleistes getan hat, er werde die sogenannte >>Bewegung<< nicht dulden im Quartier, widerspricht diametral dem Geist christlicher Fürbitte, die dem andern >>das Leben gibt<<.

Haben die rebellierenden Jugendlichen gesündigt? In

manchen Fällen werden die als Sündenböcke für Dinge verantwortlich gemacht, die sie gar nicht getan haben. In andern Fällen trifft es zu, daß sie gesündigt haben, durch Sachbeschädigungen und Gewaltakte. Dann aber gilt die Weisung des Johannes erst recht:

>Wenn einer seinen Bruder sündigen sieht,
eine Sünde nicht zum Tode,
so wird er für ihn bitten
und ihm das Leben geben –
denen, die nicht zum Tode sündigen.«

Haben die ungebärdigen Jugendlichen etwa »zum Tode« gesündigt? Das bestimmt nicht! Um so unbegreiflicher, daß selbst Christen und sogar Mitglieder kirchlicher Behörden anstatt im Geist der Fürbitte, wie es ihr Auftrag wäre, nur noch im Geist von Strafgewalt und totaler Ablehnung denken, reden und handeln können.

Was ist denn das eigentlich: eine »Sünde zum Tode«, für die auch Johannes keine Fürbitte mehr fordert? Leider sagt er nicht näher, was er darunter versteht und läßt es bei der Feststellung bewenden:

>Jede Ungerechtigkeit ist Sünde.
Und es gibt eine Sünde zum Tode.«

Jesus sprach einmal von der Sünde gegen den Heiligen Geist, die nicht vergeben werden könne (Markus 3,29 par.). Das zielte auf die israelitischen Führer, die Jesus unterstellten, sein Kampf sei nicht vom Geiste Gottes, sondern vom Geist des Bösen, vom Teufel, inspiriert. Diese Verleumdung nannte Jesus eine unvergebbare Gotteslästerung. Unvergebbar war für ihn die Verteufelung seines göttlichen Auftrags. Man kann sich fragen, ob sich einer ähnlichen Verteufelung heute nicht auch diejenigen schuldig machen, die z. B. dem Weltkirchenrat oder auch anderen kirchlichen Gremien immer wieder unterstellen, sie würden nicht von Gott, sondern von Moskau inspiriert. Jedenfalls bewegt sich ein solcher Vorwurf in gefährlicher Nähe zur Lästerung, die kaum noch vergebbar ist.

Um etwas Ähnliches geht's wahrscheinlich auch hier im Johannesbrief, der – wir wissen es – ein Kampfbrief ist gegen Leute, die die christliche Botschaft verdreht und dadurch die christliche Gemeinde verwirrt, sogar gespalten haben mit Irrlehren und auch mit Verleumdungen. Gegen sie kämpft der Johannesbrief von der ersten bis zur letzten Zeile.

»Und es gibt eine Sünde zum Tode.« Das steht hier wie ein Warnsignal. Nähere Erläuterungen werden nicht gegeben. Das Warnsignal will uns davor bewahren, unversehens in den Abgrund der Lästerung abzugleiten, abzustürzen. Ein Warnsignal ist nicht dazu da, daß wir uns an ihm den Kopf zerbrechen. Es will beachtet sein, im übrigen sollen wir auf dem richtigen Weg weitergehen. Weitergehen heißt in unserem Zusammenhang: Fürbitte tun, gerade auch für fehlbare, deshalb oft lästige Mitmenschen! Und so dann auch im Geist der Fürbitte denken und handeln, indem wir andern das Leben geben und sie von neuem zum Leben ermutigen.

(9. Mai 1982)

Gott gegen Abgott, Liebe gegen Vernichtung

Wir wissen,
daß jeder, der aus Gott gezeugt ist,
nicht sündigt,
sondern der aus Gott Gezeugte bewahrt ihn,
und der Böse rührt ihn nicht an.
Wir wissen,
daß wir aus Gott gezeugt sind
und die ganze Welt im Bösen liegt.
Wir wissen aber,
daß der Sohn Gottes gekommen ist,
und Er gab uns das Erkenntnisvermögen,
daß wir den Wahrhaftigen erkennen.
Und wir *sind* in dem Wahrhaftigen,
in seinem Sohne Jesus Christus.
Dieser ist der wahrhaftige Gott
und ewiges Leben.
Kindlein, hütet euch vor den Abgöttern!
1. Johannes 5,18–21

Mit diesen Versen schließt der 1. Johannesbrief, in Gedankenführung und Sprache, ein befremdlicher Brief. Oft hat man den Eindruck, was da geschrieben werde, komme von weit weit her, für uns kaum noch verständlich. Dann aber blitzen plötzlich wieder so ungeheure Sätze auf wie z. B.: »Jetzt sind wir Kinder Gottes, aber noch ist nicht offenbar geworden, was wir sein werden. Wir wissen, daß wir, wenn es offenbar geworden ist, Ihm (= Gott) gleich sein werden.« (3,2). Was nichts anderes heißt als: Der Mensch ist noch gar nicht fertig; er ist noch nicht, was er von Gott her werden könnte.

Oder jener Satz, »daß, wenn uns das Herz verurteilt, Gott größer ist als unser Herz und alles erkennt« (3,20). Ein regelrechter Aufsteller!

Schließlich der funkelnde Kronsatz dieses Briefes, der Kronsatz der christlichen Glaubenslehre überhaupt: »Gott ist Liebe.« (4,8.16)!

Von diesem Kronsatz geht auch der letzte Text aus, der dreimal mit einem stolzen »Wir wissen ...« einsetzt, zuerst so:

> »Wir wissen,
> daß jeder, der aus Gott gezeugt ist,
> nicht sündigt,
> sondern der aus Gott Gezeugte bewahrt ihn
> und der Böse rührt ihn nicht an.«

Das entschiedene »Wir wissen ...« richtet sich gegen eine Behauptung, die damals die Gemeinden verwirrt und sogar gespalten hat, nämlich, die Welt sei von einem wahrscheinlich bösen Gott geschaffen worden, deswegen gebe es hienieden keine Möglichkeit, NICHT zu sündigen, NICHT böse zu sein.

Nein, entgegnet Johannes, Sünde ist weder Schicksal noch Notwendigkeit; wer vom Gott *Jesu Christi* her denkt und lebt, den »rührt der Böse nicht an«, d. h. mindestens, er ist vom Zwang, sündigen zu MÜSSEN, befreit worden.

Ist das aber nicht vollmundig dahergeredet, dahergeschrieben? »Wir sind allzumal Sünder« ist ja eines der bekanntesten, allerdings auch eines der mißbrauchtesten Bibelworte. Mißbraucht, weil man sich mit ihm gerne entschuldigt, als gäbe es eben doch den Zwang, sündigen zu MÜSSEN.

Genau das bestreitet Johannes: Wir sündigen, weil wir sündigen WOLLEN – deshalb sind WIR für unsere Sünden verantwortlich. WIR, und nicht etwa Gott!

Gott ist Liebe, er ist nicht Zwang, nicht böse, schon gar nicht Zwang zum Bösen.

»Wir wissen«, schreibt Johannes weiter,
»daß wir aus Gott sind
und die ganze Welt im Bösen liegt.«

Die Welt liegt im Bösen, weil WIR (und nicht Gott!) sie ins Böse legen. Heute geschieht das unter der Berufung auf Sachzwänge: die tödliche Rüstung und Überrüstung wird ebenso Sachzwang genannt wie andererseits der zunehmende Hunger in der Welt. Auch die Zerstörung der Umwelt, die wachsende Vergiftung aller Nahrungsmittel, kommt als Sachzwang daher.

Die Botschaft des Johannesbriefes jedoch lautet: Sachzwänge als Zwänge zum Bösen, zur Zerstörung, sind nicht von Gott, sie sind von Menschen geschaffen, aus Macht- und Profitgründen.

»Wir wissen aber,
daß der Sohn Gottes gekommen ist,
und Er gab uns das Erkenntnisvermögen,
daß wir den Wahrhaftigen erkennen.«

Die Welt liegt im Bösen, sie könnte im Bösen auch untergehen. Aber es gibt eine Gegenbewegung, weil Gottes Sohn gekommen ist.

»Und Er gibt uns das Erkenntnisvermögen,
daß wir den Wahrhaftigen erkennen.«

Christus öffnet die Augen für Gottes Wahrheit. Und diese Wahrheit lautet: »Gott ist Liebe.« Aus Liebe hat er die Welt geschaffen, aus Liebe sich auf uns Menschen eingelassen, aus Liebe ist er selber Mensch geworden in seinem Sohn. Mit Sachzwängen zum Bösen, zur Vernichtung hat er nichts zu tun oder dann nur als Betroffener, nur als der, der gekreuzigt wird, in Christus wie in jedem Hungernden, in jedem Kriegsopfer, in jedem Opfer angeblicher Sach- oder Vernichtungszwänge.

Wem diese Erkenntnis geschenkt worden ist, der bekommt festen Boden unter die Füße, so daß er mit Johannes sagen kann:

>»Und wir *sind* in dem Wahrhaftigen,
>in seinem Sohne Jesus Christus.
>Dieser ist der wahrhaftige Gott
>und ewiges Leben.«

Johannes entwindet den Irrlehrern auch noch das Stichwort vom »ewigen Leben«. Jene Irrlehrer argumentierten: Die Welt ist von einem wahrscheinlich bösen Gott geschaffen, als Ganzes deshalb ohne Hoffnung. Es kommt nur noch darauf an, daß jeder sich hinüberretten, hinüberholen läßt in ein anderes Leben mit einem besseren Gott.

Auch schon vor 1900 Jahren hat man um den Fortbestand der Welt gefürchtet. Für Hippokrates und andere war »die Vernichtung aller durch alle« ein Weltgesetz. Es gab Katastrophen genug, die man als Vorzeichen einer endgültigen, einer totalen Weltvernichtung gedeutet hat. Ich sage das hier nicht, um uns zu beruhigen, um etwa gar zu beweisen: Seht, so schlimm ist es gar nicht! Wie damals wird es auch heute mit der Welt schon irgendwie weitergehen. So sicher ist das aber nicht. Wir stoßen in vielen Religionen und auch in der Bibel auf düstere Ahnungen von einem möglichen und totalen Ende. Nur wäre dieses Ende heute und morgen kein von Gott, sondern ein von gewissen Menschengruppen geschaffener »Sachzwang«. Mit der Aussage, daß Gott »das ewige Leben« ist, zerstört Johannes die falsche Hoffnung, nach der Vernichtung der Welt könnten wir *uns* in ein ewiges Leben retten. Ewiges Leben, schreibt Johannes, ist nur in Gott. Gott aber ist in sich selber Liebe, er ist Liebe zu dieser Welt, die er geschaffen hat, in die er uns hineingestellt hat. Glauben wir im Ernst, wir könnten seine Welt zerstören und dann werde er unsere Seelen irgendwo anders liebevoll ans Herz drücken, während die uns anvertraute Welt nur noch als getöteter Planet weiterkreist? Das wäre nicht bloß ein Kitschbildchen von Gottes Liebe, es ist ein Götzenbild von Gott, ein Abgott.

Nicht umsonst schließt Johannes seinen Brief mit dem lapidaren Appell:

»Kindlein, hütet euch vor den Abgöttern!«
»Abgott« ist ein auf das Niveau von Götzen heruntergekommener Gott, ein Gott der manipulierbar wird.

Wer z. B. sagt, Gott kümmere sich nicht ums Diesseits, ihm gehe es allein um die Abholung unserer Seelen ins Jenseits, der vertreibt den Schöpfer aus seiner Schöpfung: er huldigt einem Abgott.

Oder wer heute sagt, Kriege habe es immer gegeben, werde es immer geben, der unterstellt, daß Kriege gottgewollt sind. Er macht, vielleicht mit allerchristlichsten Redensarten, aus Gott einen Kriegsgötzen, der mit dem Pazifisten Jesus nichts mehr zu tun hat. Kriege sind *nicht* von Gott gewollt, sie werden vom Profitstreben nach Absatzmärkten und Einflußsphären entfesselt.

Aber auch wir persönlich verwandeln Gott oft in einen Abgott des eigenen Vorteils, weil wir zwischen Gott und Abgott nicht unterscheiden können – vielleicht auch nicht unterscheiden wollen. Johannes hat allen Grund, uns zuzurufen: »Hütet euch vor den Abgöttern!«

Positiv heißt das: Denkt daran, »Gott ist Liebe«, darum

ist er Einmischung und Widerspruch, ist er leidenschaftliche Teilnahme an unserem persönlichen Leben, aber auch am Leben der anderen, am Leben der Welt insgesamt! »Gott ist Liebe« und darum weder ein kriegerischer noch ein politischer noch ein technischer Sachzwang. Weil aber seine Liebe uns nicht zwingt, ist sie Leiden und Kampf, ist sie Passion und Auferstehung um unsertwillen, um aller willen, damit Zukunft möglich bleibt und wir *Ihm* doch noch gleich werden können.

(23. Mai 1982)